Slawomir R. Siewior

Cyber-Bullying

BIBLIOTHECA ACADEMICA

Reihe

Soziologie

Band 10

ERGON VERLAG

Slawomir R. Siewior

Cyber-Bullying

Definition, Prävalenz, Prävention und Intervention eines medialen und lebensbeeinflussenden Phänomens des 21. Jahrhunderts

ERGON VERLAG

Umschlagabbildung: Cyber-Bullying, Katharina Schwing

Bibliografische Information der Deutschen Nationalbibliothek
Die Deutsche Nationalbibliothek verzeichnet diese Publikation in der Deutschen Nationalbibliografie; detaillierte bibliografische Daten sind im Internet über http://dnb.d-nb.de abrufbar.

Gedruckt auf alterungsbeständigem Papier.
Satz: Matthias Wies, Ergon-Verlag GmbH
Umschlaggestaltung: Jan von Hugo

www.ergon-verlag.de

ISBN 978-3-89913-907-5
ISSN 1866-5055

Vorwort

Dieses Buch erhebt den Anspruch, umfassend in die Problematik des Cyber-Bullying, dem Mobbing im Internet, einzuführen, da dies zum Zeitpunkt der Veröffentlichung noch kein deutschsprachiger Titel adäquat, zufriedenstellend und auf dem neuesten Stand der Forschung getan hat. Die Arbeit richtet sich gleichermaßen an Kinder und Jugendliche, ihre Lehrer, Pädagogen und Eltern, soll aber auch den wissenschaftlichen Diskurs anregen. Schüler finden eine Handlungsanleitung: Wie gehe ich mit der Situation um, wenn ich zum Mobbing-Opfer wurde? Eltern können sich informieren – über dieses neuartige Phänomen, das sie nicht aus ihrer Schulzeit kannten und welches ihre Kinder erheblich belasten kann. Und Pädagogen finden in diesem Buch eine Handlungsanleitung, um eventuelle Unsicherheiten im Hinblick auf dieses Thema zu beseitigen und auch Anregungen für den Unterricht zu schaffen. Cyber-Bullying ist – wie alle medialen Themen – ein Themenkomplex, der in sich nicht abgeschlossen ist, sondern sich stetig erweitert und weiterentwickelt. Daher ist es von Bedeutung, dieses Thema weiter zu verfolgen und dementsprechend zu reagieren. Der nächste Schritt sollte eine repräsentative statistische Erhebung sein – um das Ausmaß des Mobbings im Internet an deutschen Schulen zu fassen; und es muss weiterverfolgt werden, ob die angebotenen Präventivmaßnahmen fruchten.

Die vorliegende Arbeit entstand als Zulassungsarbeit im Rahmen des Studiums für ein Lehramt an Realschulen an der Julius-Maximilians-Universität Würzburg. Daher möchte ich mich noch bei den Menschen bedanken, die bei der Realisierung des Werkes geholfen haben. Zuallererst bei Dr. Wolfgang Lenhard vom Lehrstuhl für Psychologie IV des Psychologischen Instituts der Universität Würzburg. In seiner Vorlesung über die Auffälligkeiten im Erleben und Verhalten von Kindern und Jugendlichen regte er dieses Thema an, betreute mich während des Verfassens dieser Arbeit und hatte stets passende Anregungen und beruhigende Worte zur Hand. Zudem möchte ich mich bei Sebastian Siewior bedanken, für die technische Realisierung des Web-basierten Teils der statistischen Erhebung; bei Joanna und Adam Siewior, die mir das Studium und letztendlich diese Veröffentlichung ermöglichten; bei Anika Schöling für die Unterstützung während des Verfassens dieses Buches sowie bei Christian Kleinsteuber und Helen Schumer für die sachlichen und ermunternden Anregungen.

Würzburg, im Januar 2012 Slawomir R. Siewior

Inhaltsverzeichnis

1 Einleitung

Das Fernsehen berichtet nahezu jeden Tag über verschiedene Aspekte eines gewissen sozialen Netzwerkes. Ob es dabei um den sorglosen Umgang mit Daten geht, oder das Veröffentlichen unvorteilhafter Bilder: Facebook ist im Jahre 2011 eines der Tagesthemen. Facebook beeinflusst Leben, Facebook beeinflusst Karrieren – ob bewusst oder unbewusst. So stellte ich im Gespräch mit einer Schülerin fest, dass es zwingend notwendig ist, dort aktiv zu sein. Ansonsten kann man nicht mehr mitreden und wird vom Schulalltag ausgeschlossen. Obwohl ich als Student vor noch nicht allzu langer Zeit dem sicheren Hafen der Schule entflohen bin, hat es dieses Phänomen zu meiner Schulzeit nicht gegeben. Dies spricht für die Schnelllebigkeit der heutigen Medien und es ist anzunehmen, dass sich das Schulleben der nächsten Schülergeneration genauso schnell wandeln wird.

Die Mittagsmagazine sprechen dabei von respektlosen Schülern und dem immer schwieriger werdenden Alltag der Jugendlichen, wie auch der Lehrer. Mit dem Fortschritt kommt die Verantwortung, denn es ist ein Privileg diese Medien nutzen zu dürfen. Die Medien berichten zwar von immer mehr Gewaltfällen, aber hat sich die Anzahl der Fälle wirklich gewandelt oder lediglich die mediale Sichtweise? Zugleich betritt ein neues Phänomen die mediale Bildfläche: Cyber-Bullying. Und dieses Phänomen ist in Deutschland angekommen, wie Internetseiten namens spickmich.de und Isharegossip.de beweisen. So kam es in diesem Zusammenhang bereits zu realen Gewaltübergriffen, aber, im Gegensatz zu den anglikanischen Ländern, glücklicherweise noch zu keinen Todesfällen. Besondere mediale Aufmerksamkeit erhielt zurecht der traurige Fall der Megan Meier, die aufgrund von Mobbing im Internet keinen anderen Ausweg sah, als die Flucht in den Suizid.

In dieser Ausarbeitung soll ein wichtiger Teil der wissenschaftlichen Arbeit geleistet werden, denn dieses Themengebiet befindet sich, wissenschaftlich gesehen, noch in den Kinderschuhen. Hierbei werde ich die bisher erschienene Forschung zusammenfassen und auch selbst tätig werden. Aufgrund der relativ geringen Anzahl statistischer Datensätze wird eine eigene Erhebung durchgeführt. Zudem muss der Frage nachgegangen werden, wie viel Meinungsfreiheit ein Schüler besitzen darf: Darf eine Schülerin oder ein Schüler seine oder ihre Meinung über den Lehrstil des Kollegiums öffentlich propagieren? Oder darf dies nur auf dem Schulhof, in geschlossenen Räumen, geschehen, nach dem Motto: Was in der Schule passiert, bleibt in der Schule; damit die Öffentlichkeit nicht zu viel von den Begebenheiten des Schulhofs mitbekommt.

Es wird versucht werden, auf diese und weitere Fragen Antworten zu finden und die reale Bedeutung des medialen und lebensbeinflussenden Phänomens „Cyber-Bullying“ zu klären.

2 Mit Cyber-Bullying verwandte Gefahren aus dem World Wide Web

Bevor ich zum Hauptteil meiner Arbeit kommen werde, ist es wichtig, auch die anderen Gefahren, die das Thema Cyber-Bullying streifen, zu bearbeiten. Demnach werden die Phänomene Happy Slapping, Cyber-Grooming und Online-Spiele näher beleuchtet.

2.1 *Die Verharmlosung medialer und physischer Gewalt: Happy Slapping*

Handys erhöhen die Flexibilität der Jugend im 21. Jahrhundert enorm. Terminabsprachen sind nicht mehr auf die Schule begrenzt: Die Schüler können jederzeit miteinander in Kontakt treten. Neue Technologien haben aber auch stets ihre Schattenseiten. So ist „Happy Slapping“ ein neues mediales Phänomen, bei dem bereits Menschen zu Tode gekommen sind. Richard (2008) übersetzt diesen Begriff als „fröhliches Watschen“ und beschreibt ihn als einen meist willkürlichen Angriff einer oder mehrerer Personen auf eine einzelne Person, wobei der Einsatz eines Handys mit Kamera zwingend ist. Anschließend werden diese Aufnahmen über das Internet oder die Bluetooth-Funktion moderner Handys weiter verbreitet.

Der Begriff verharmlost Gewalt „und suggeriert, dass es sich um einen Scherz handelt“ (Holtkamp 2009, S. 76). Richard beschreibt das Phänomen ebenfalls als einen „grundlose[n] Angriff auf zumeist unbekannte Personen“ (Richard 2007, S. 92). Dabei werden die Opfer zusammengeschlagen und liegen gelassen und es wird eine Videokamera oder ein Handy mit Videofunktion genutzt. Er datiert das erstmalige Aufkommen auf das Jahr 2004 und als Herkunftsort nennt er Großbritannien, aber es gab auch schon Vorfälle in Deutschland.

Sogenannte „Snuff“-Filme müssen von Happy Slapping hingegen abgegrenzt werden. Der Autor bezeichnet mit Snuff-Filmen die „reale oder gespielte Darstellung von schweren Verletzungen mit Todesfolgen“ (Richard 2007, S. 93 und vgl. S. 33). Dabei bringt er zwei Vorfälle als Beispiele für dieses Phänomen an, die zudem mit sexueller Gewalt gekoppelt sind: in Hildesheim haben Jugendliche zwischen 14 und 17 Jahren ein Mädchen mehrfach vergewaltigt und es dabei gefilmt (vgl. ebenfalls n-tv.de 2005) und im August 2006 wurde ein Mädchen im bayerischen Starnberg gezielt betrunken gemacht und anschließend von Mitschülern vergewaltigt und ebenfalls dabei gefilmt.

Es sollte bei der Frage, ob man Handys in der Schule verbieten sollte, bedacht werden, dass Handys den Eltern als Sicherheit dienen, um jederzeit mit ihren Kindern Kontakt aufzunehmen. Holtkamp zitiert eine Handy-Studie aus dem Jahr 2007 (Holtkamp 2009, S. 74f). Demnach gaben 40% der Befragten an, Happy Slapping oder Videos mit pornografischem Inhalt auf dem Handy gesehen zu haben. Als Motive für das Schauen solcher Videos wurden Mitreden und Dazugehören genannt. Holtkamp führt aus, dass viele Kinder und Jugendliche bereits Opfer von heimlichen Videoaufnahmen – beispielsweise in Umkleideräumen – wurden und begründet das Schweigen über diese Vorfälle mit der Angst vor der Wegnahme des Handys. Diese Begründung kann jedoch stark bezweifelt werden, da ihnen in der Opfer-Rolle wohl kaum das Handy weggenommen werden würde. Dies würde nämlich keinen Sinn machen, da sie weiterhin ein Opfer dieser Aufnahmen werden können und die Wegnahme nur in der Rolle des Täters sinnvoll erscheint.

Robertz nennt drei Motive für die Handlung des Happy Slapping sowie seiner Veröffentlichung (Robertz 2010a, S. 75). Einmal das Erlebnismotiv: eine nicht alltägliche Action wird erlebt und durch das wiederholte Schauen der Videos wieder erlebt; dann das Geltungsmotiv, das als Ressource für Anerkennung dient sowie als Abschreckungsinstrument, gefolgt vom Leistungsmotiv. Dabei kann die eigene Fähigkeit zur Ausübung von Gewalt überprüft und gesteigert werden. Grimm (2007) sieht die Motivation für die Veröffentlichung in der Langeweile, die Jugendliche verspüren. Die Täter erleben auf Kosten des Opfers intensive Gefühle. Dadurch bekommen sie Aufmerksamkeit und fühlen sich „cool“ – durch den Tabubruch. Zudem demonstrieren sie Stärke durch Abschreckung. Sie wollen sich dadurch von den schwächeren Jugendlichen abheben.

Bei der Frage nach der Intervention und Prävention sollte bewusst gehandelt werden. Es sollte klar sein, dass ein Handyverbot dieses Problem nicht löst, sondern lediglich verlagert (Richard 2007, S. 98f). Ein Lehrer kann zwar bei Verdacht das Handy einziehen, allerdings darf er den Inhalt, aufgrund Artikel 2 Grundgesetz, Allgemeines Persönlichkeitsrecht, nicht überprüfen. Dies ist ausschließlich den Eltern und der Polizei gestattet. Die Kinder müssen auf einer moralischen Eben lernen, wie sie mit dem Handy umgehen können. Auch eine Handy-Kontrolle durch die Eltern ist als negativ zu betrachten, weil das Persönlichkeitsrecht der Kinder verletzt wird. Viel schlimmer ist aber der Vertrauensbruch, der vollzogen wird. Es sollte aber angemerkt werden, dass Eltern die elterliche Aufsichtspflicht besitzen und diese Tatsache Außnahmen rechtfertigen kann. Somit ist es beispielsweise ratsam, für die Schule oder Schulausflüge ein Handy ohne Videofunktion zu besitzen. Da es schwer ist, solche Geräte heutzutage noch zu bekommen und es außerdem unpasslich, beziehungsweise „uncool“ ist, solch ein Handy zu besitzen, sollte an dieser Stelle gesagt werden, dass die meisten Handys Möglichkeiten besitzen diese Funktionen zu sperren. Der wirkungsvollste Jugendschutz ist aber immer noch die Prävention.

2.2 *Sexuelle Annäherung an Kinder und Jugendliche mit Hilfe des Internets: Cyber-Grooming*

Nun folgt der Themenbereich Cyber-Grooming, der an und für sich eine eigene Ausarbeitung füllen könnte. Dieses Thema ist genauso aktuell, wie Cyber-Bullying, allerdings ist die Forschung noch nicht so weit wie beim Mobbing im Internet, wobei die Folgen des geplanten sexuellen Missbrauchs in großen Teilen noch gravierender sind.

2.2.1 *Die Kontaktaufnahme im Internet: das Chatten*

Das Chatten bezieht sich auf die „Kontaktaufnahme und Beziehungssuche"; ein beliebtes Kontaktnetzwerk für die Jugendlichen ist Facebook, wobei jene Nutzungsformen der „Selbstdarstellung, Kontaktpflege und Identitätsbildung dienen" (Hornung 2009, S. 54). Eine Medienkompetenz, die in der Schule vermittelt wird, ist daher unabdingbar, um Jugendliche und Heranwachsende präventiv vor „sexueller Belästigung und drohende[n] Missbrauchserfahrungen in virtuellen Kontakträumen" (ebd. sowie S. 83 und S. 89) zu schützen sowie das Gefährdungspotential einer zu starken Bindung an das Medium PC/Internet, der dadurch einen Ersatz für reale Beziehungen liefert, zu minimieren, da eine „Identitätsentwicklung nur gelingen kann, wenn sie primär in realen Erfahrungen und emotional bedeutsamen Erlebnissen wurzelt (ebd., S. 82)".

Für weibliche Jugendliche sind Chat-Communities ebenfalls attraktiv, da sie „Beziehungen eingehen können, ohne Konsequenzen für die eigene Person fürchten zu müssen". Sie können dadurch „Grenzen und Reaktionen kennen lernen, bevor sie sich auf entsprechende Situationen in der realen Welt einlassen". Ebenfalls kann die für Mädchen stärker gegebene „soziale Kontrolle" durch die virtuellen Beziehungen umgangen werden; es kommt zu einem „Austausch über Erlebnisse, Gedanken und Gefühle, was für Mädchen und Frauen traditionell wichtig und befriedigend ist". Zudem ist die körperliche Erscheinungsform im Internet weniger von Bedeutung. Mädchen besitzen in dieser Lebensphase „intensivere Selbstwertprobleme" als Jungen und so besteht im Internet die Gefahr, dass sich durch gewisse Internetangebote, wie Kontaktbörsen, die „bestehende[n] Selbstzweifel an ihrem Äußeren verstärken können" (ebd., S. 83).

2.2.2 *Definition und Prävalenz der sexuellen Gefahr aus dem Netz*

Jürgs definiert Cyber-Grooming als „die sexuelle Anmache von Kindern im Internet" (Jürgs 2011, S. 171). Cyber-Grooming geht dabei stets von Erwachsenen aus, die sich im Internet potentielle Opfer suchen, um diese sexuell zu belästigen (vgl. Stephan 2010, S. 17). Für Davidson involviert „Grooming" einen Prozess der Sozialisation, durch den ein Täter versucht mit einem Kind, das jünger als 16 Jahre alt ist, zu interagieren und dabei angibt die gleichen Hobbies oder Interessen zu haben, um Vertrauen aufzubauen, mit dem Ziel einen sexuellen Missbrauch aufzubauen (Davidson 2011, S.10 und vgl. auch Gottschalk 2011a, S. 43). Die *National Society for the Prevention of Cruelty to Children* schätzt, dass etwa 20.000 unmoralische („indecent") Bilder von Kindern wöchentlich im Internet platziert werden. Dabei werden die Opfer von sexueller Gewalt nicht nur bei der „Mache" der Bilder geschädigt, sondern auch jedes Mal, wenn auf das Bild zugegriffen wird (Davidson 2011, S. 13).

Jürgs kritisiert die negative Polarisierung des Themas durch den Fernsehsender RTL 2 mit dem Format „Tatort Internet – Schützt endlich unsere Kinder" (vgl. ebenfalls Berr 2010). Demnach wurde das Thema durch den Fernsehsender und Stephanie zu Guttenberg erstmals in die Öffentlichkeit gebracht; dort wurde die Sendung allerdings, aufgrund der reißerischen Aufmachung, eher negativ aufgenommen (vgl. Welt-Online 2010). Adamek berichtet, dass sich im Laufe der Sendereihe 56 Männer mit der Journalistin Beate Krafft-Schöning treffen wollten, um mit ihr, dem angeblich pubertären Lockvogel, sexuelle Kontakte zu pflegen. Er zitiert auch die Caritas, den Arbeitgeber eines potentiellen Täters, die kritisiert, dass RTL 2 ganze fünf Monate nach Drehschluss gewartet habe, um die pikanten Ergebnisse der Heimleitung zu präsentieren (Adamek 2011, S. 266f). Von Prävention kann daher keine Rede sein. Ebenfalls bemängelt wird die verkürzte Sichtweise auf dieses Phänomen. Hingegen soll gezielt polarisiert und die Bevölkerung verängstigt werden.

Die Aussage der Sendung, dass die sexuelle Anmache von Kindern im Internet straflos bleibe, ist nämlich populistisch und nicht korrekt, denn der Tatbestand „Online-Belästigung von Kindern, und zwar unabhängig davon, ob es je zu einer sexuellen Handlung kommt, nach Paragraf 176, Absatz 4, Nr. 3 Strafgesetzbuch" ist strafbar, sobald dadurch die sexuelle Handlung an einem Kind „vorbereitet" wird (Jürgs 2011, S. 171 und vgl. Adamek 2011, S. 269). Für Pädophile habe sich die Suche nach Bildern und Videos oder den Kontakt mit Kindern durch das Internet stark vereinfacht. Früher war es riskant und musste geplant werden. Sie mussten sich in der Nähe aufhalten, an Spielplätzen oder Kindergärten – an Orten, die von anderen Erwachsenen ebenfalls aufgesucht wurden. Durch das Internet hingegen ist es möglich geworden, anonym und ohne die Angst „erwischt" zu werden, Kinder und Jugendliche kennenzulernen (Ong 2010, S. 87). Ebenfalls führt die Autorin aus, dass 12-14 Jährige öfters Kontakt zu Fremden haben, als ältere Jugendliche. Demnach entwickeln sie erst mit der Zeit ein Problembewusstsein für eventuell auftretende Gefahren durch das Chatten.

Eine britische Studie von Livingstone aus dem Jahr 2005 zeigt, dass bereits ein Drittel (31%) der Kinder und Jugendlichen (9-19 Jahre), die wöchentlich online gehen, über die verschiedenen medialen Geräte und Programme, unerwünschte sexuelle Kommentare bekommen haben. Hingegen kam meine eigene statistische Erhebung (siehe unten) mit überwiegend 15-jährigen Jugendlichen zu dem Ergebnis, dass 13,5% der Mädchen und 8,9% der Jungen Opfer von unerwünschter sexueller Anmache im Internet wurden. Schöning kommt zu der Überzeugung, dass 50-70% der Chatpartner von 16-jährigen Jugendlichen „was Sexuelles" wollen und hebt hervor, dass diese Werte mittlerweile sogar bei Schülern der fünften Klasse angekommen sind (Schöning 2007, S. 158; Fais 2008, S. 119 führt eine Studie an, wonach 38,2% der Jugendlichen ungewollt sexuell angesprochen wurden). Häufig soll es zu Treffen kommen, da Kinder sehr gutgläubig sind. Diese Werte konnten in meiner eigenen statistischen Erhebung nicht bestätigt werden. Diese Diskrepanz lässt sich vielleicht damit erklären, dass die Jugendlichen mittlerweile über eine höhere Medienkompetenz verfügen oder, was eher wahrscheinlich ist, an der Tatsache, dass Chaträume immer mehr durch soziale Netzwerke verdrängt werden und dort ein höheres Problembewusstsein vor möglichen Folgen vorherrscht. Schöning zitiert eine weitere Studie, wonach 70% der Eltern nicht wissen, was ihre Kinder im Internet machen. Demzufolge werden die Kinder hier im Stich gelassen (Schöning 2007, S. 116). Die Autorin bringt, in chronologischer Reihenfolge, eine Vielzahl von Fallbeispielen an (ebd., S. 117f), die aufgrund der Schwere der Problematik nochmals erwähnt werden wollen. Im Jahr 2000 wird eine 12-jährige aus Hessen von zwei Chatbekanntschaften aus Aachen missbraucht. Im Dezember 2002 wurde eine ebenfalls 12-jährige aus Braunschweig von Chat-„Freunden" vergewaltigt. Ende 2003 werden zwei Teenager aus Norddeutschland von Chatbekanntschaften vergewaltigt. Im Jahr 2004 werden zehn Kinder Opfer von sexueller Gewalt durch Bekannte aus dem Chat. 2006 wird eine 15-jährige in der elterlichen Wohnung sogar ermordet. Ebenfalls 2006 vergewaltigen sechs Jugendliche zwischen 14 und 17 eine 13-jährige aus Hildesheim über Wochen. Sie machten Fotos und drohten mit der Veröffentlichung. Dieser Vorfall wurde bereits beim Happy Slapping erwähnt. Erst als die Drohungen zu massiv wurden, vertraute sie sich ihren Eltern an. Im Jahr 2007 wurden ein 12- und ein 13-jähriges Mädchen von zwei 15-jährigen Jugendlichen vergewaltigt.

Adamek erwähnt ebenfalls einen Vorfall, der durch Chaträume angebahnt wurde (Adamek 2011, S. 273f). Eine Jugendliche habe im beliebten Chatforum „Knuddels" einen Mann kennengelernt, der sich sympathisch präsentierte. Es kam zu einem Treffen, bei dem er das junge Mädchen überredete in eine Jugendherberge zu gehen und dort anschließend vergewaltigte. Perfide ist die Tatsache, dass sie nichts von dem Vorfall erzählen wollte, da sie sich heimlich mit der Chat-Bekanntschaft getroffen habe. Zudem bedrohte er sie massivst – für den Fall, dass sie aussagen wollte. Im Gerichtsverfahren kam es zu keiner Verurteilung, da keine Beweise mehr gesichert werden konnten und „die Aussagen des Mädchens über die verübte Gewalt (...) dem Gericht nicht [genügten]". Oft wird auch geschwiegen, weil befürchtet wird, dass die Nutzung des Internets verboten wird (Holdtkamp 2009, S. 109).

2.2.3 Sinn, Zweck und Art und Weise der Durchführung

Das „Grooming" besteht dabei aus drei Phasen: die Kontaktaufnahme zum Opfer, das Verwickeln des Opfers in eine abhängige Beziehung, gefolgt von der Einleitung und Aufrechterhaltung einer sexuellen Beziehung. Bei der ersten Phase verschafft sich der Täter eine soziale Position, bei der er auf eine scheinbar natürliche Weise mit dem Kind interagieren kann, ohne seine Autoritätsposition zu verlieren. Um das Opfer in eine Beziehung zu verwickeln, versucht er dieses von seiner Familie sowie Freunden zu isolieren, bevor es in der dritten Phase zum Missbrauch kommen soll (vgl. Berry 2010, S. 154f).

Gottschalk (2011a), S. 44f hingegen, unterscheidet sogar fünf Phasen des Grooming. Es beginnt mit der *friendship-forming phase*, bei der ein potentieller Täter das Kind kennenlernt. Die aufgewendete Zeit variiert hierbei. Danach folgt die *relationship-forming phase*. Dies ist eine Verlängerung der ersten Phase; die Phase beinhaltet Unterhaltungen mit dem Kind, beispielsweise über die Schule oder das Leben zu Hause. Die Täter kreieren dabei die Illusion der beste Freund des Kindes zu sein. Danach folgt die *risk assessment phase*. Das Kind wird gefragt, wo der Computer steht und wie viele Personen diesen nutzen. Das soll dabei helfen zu ermitteln, wie die Kinder überwacht werden und wie groß die Gefahr für den Groomer ist. Die vierte Phase nennt der Autor *exclusivity phase*. Der Inhalt der Unterhaltungen ändert sich. Das Kind wird dazu eingeladen persönliche Probleme zu offenbaren. Diese Phase ist von Gegenseitigkeit geprägt; es werden Geheimnisse geteilt. In der letzten Phase schließlich, der *sexual phase* wird ein tiefes Vertrauen aufgebaut. Diese Phase wird seicht eröffnet. Der Erwachsene soll ein Mentor werden und als potentieller Liebhaber angenommen werden. Potentielle Täter versuchen ihre Taten als normal darzustellen. Sie sagen, sie wurden missverstanden und ersetzen Begriffe, wie „sex offender" durch „boy lover", „girl lover" oder „child lover", den Begriff „Opfer" durch „junge Freunde". Sie sind der festen Überzeugung, dass Kinder an Sex mit Erwachsenen interessiert sind.

Es muss Jugendlichen klar gemacht werden, welchen Gefahren sie sich aussetzen, wenn sie ihre privaten Bilder ins Internet stellen, denn die Kinderpornografie-Szene lebt zu einem gewissen Teil von Fotomontagen, bei denen „ein hübsches Gesicht (...) einfach auf einen anderen nackten Körper kopiert [wird]“ (Adamek 2011, S. 272). Zudem ist es nahezu alltäglich, dass Kinder und Jugendliche pornografische Bilder zugestellt bekommen oder gefragt werden, ob sie Nacktfotos gegen Geld machen wollen. Ein weiteres Problem sind Webcam-Einladungen, bei denen sich Erwachsene befriedigen. Hier sticht vor allem das Portal Chatroulette (Chatroulette.com) hervor (vgl. Knoke 2010). Gottschalk hebt die Gefahr von Webcams hervor, da sie von Cyber-Groomern dazu benutzt werden können, um Teenager dazu zu überreden, vor der Kamera sexuelle Handlungen zu vollziehen oder sich auszuziehen (Gottschalk 2011a, S. 35). Zudem ist es wichtig, dass die persönlichen Daten nicht weitergegeben werden, damit den Kindern nicht aufgelauert werden kann. Bei den Kindern und Jugendlichen muss ein Bewusstsein für das Internet geschaffen werden sowie die Tatsache, dass Chat-Freunde nicht das gleiche sind wie reale Freunde; dass sie Menschen aus dem Internet genauso gegenübertreten wie im realen Leben und gewisse Verhalten strafbar und nicht zu verharmlosen sind. Ebenfalls sollte es vermieden werden Kontaktdaten zu veröffentlichen, um das Aufspüren durch potentielle Täter zu verhindern (vgl. Schöning 2007, S. 198f).

2.2.4 Das Phänomen der Loverboys

Zuletzt sollte noch auf das Phänomen der „Loverboys“ hingewiesen werden, dass in der Literatur bisher keine Erwähnung fand. Dieses Phänomen stammt aus den Niederlanden und ist bereits nach Deutschland geschwappt. Als Loverboys werden Männer bezeichnet, „die Schulmädchen durch ihre Liebe an sich binden und sie anschaffen schicken“ (Krahe 2010). Dies sind junge Männer meist Anfang bis Mitte 20, die junge Mädchen im Teenager-Alter vor der Schule ansprechen oder sie vermehrt über soziale Netzwerke, wie Facebook oder SchülerVZ ansprechen, sie anschließend abhängig machen von ihrer Aufmerksamkeit, der Zuneigung und Drogen, bis die Mädchen nicht mehr von ihnen loskommen. Die Opfer entstammen zumeist der Mitte der Gesellschaft und werden fürs Leben geschädigt. Für die Eltern ist es im Nachhinein schwierig an ihre Kinder heranzutreten und sie aus diesen Fängen zu befreien, da sich die Opfer mit ihren Peinigern und Zuhältern verbunden fühlen.

Prävention ist daher sehr wichtig. Ein geschädigter Vater spricht von jungen Männern, die auf den ersten Blick keinen schlechten Eindruck machen, aber anschließend die Kinder mit „Drogen, Druck und Drohungen“ massiv beeinflussen (Wolf 2011). So kommt es zu Fällen, dass 13-jährige im Bordell arbeiten. Bärbel Kannenmann von der Stiftung „Stop-loverboysNU" (www.stoploverboys.nu/en/) berichtet in Wolf 2011, dass sich seit Anfang 2010 200-250 Betroffene gemeldet haben und meint, dass die Mädchen Angst haben und sich schämen. Sie können ja nicht beweisen, dass sie dies getan haben, weil sie unter Alkohol und Drogen standen. Sie bemängelt, dass die Mädchen, aufgrund der Anonymität des Internets, viele persönliche Dinge von sich freigeben. Für Kannemann sind Anzeichen, dass ein Kind mit einem Loverboy befreundet ist, dass „der Junge nichts über seine Familie erzählen möchte [und] ein großes Auto fährt, aber nichts über seinen Job sagt (...). Ein Supereinkommen muss ja irgendwo herkommen". Zudem meint sie, dass Psychotherapie allein nicht ausreiche, um den Opfern zu helfen, da die Kinder erst wieder lernen müssen, Vertrauen zu fassen.

2.3 Spielerische Gefahr: Die Online-Spiele

Bevor ich zum Hauptteil meiner Arbeit kommen werde, sollte noch ein kurzer Einblick in die Welt der Online-Spiele gewährt werden. Auch dieses Thema ist von Bedeutung für den Themenaspekt des Cyber-Bullying.

2.3.1 Veränderte Spielewelt: MMORPGs

Für Huizinga war klar: Das Spiel ist ein grundlegendes Element der Kultur. Er führt aus, dass ohne die menschliche Fähigkeit sowie die Lust zum Spielen bestimmte Bereiche der menschlichen Kultur nicht entwickelt worden wären (Huizinga 2006, S. 7). Der Mensch besitzt die Freiheit zu spielen, auch wenn es innerhalb des Spiels festgesetzte Regeln gibt und es eine zeitliche sowie räumliche Begrenzung gibt. Das Spiel ist, an sich, zweckfrei: Das Erleben des Spiels ist der Zweck (Koblmüller 2010, S. 26f). So scheinen auch Computerspiele die gängigen Geschlechterklischees zu erfüllen: „Mädchen bevorzugen Spiele um Soziales und Beziehungen, Jungen mögen starke und mächtige Helden, aber auch Sportspiele" (Holtkamp 2009, S. 82).

Der Computer liefert dabei die Spielumgebung oder auch die Rolle des Gegners, wie beispielsweise im MMORPG „World of Warcraft". Dieses Spiel fungiert aber auch als gigantische Kommunikationsplattform. Der Spieler kann wählen: Er kann entweder mit oder gegen andere Menschen spielen. Durch das neuartige Aufkommen der Online-Rollenspiele hat das Spiel seine zeitliche Begrenzung verloren, der Spieltrieb kann nicht mehr „gesättigt" werden (Koblmüller 2010, S. 29f). Für MMORPG-süchtige ist dies eine fatale Entwicklung. Die Welt existiert nämlich, auch wenn sich der Spieler ausloggt. Dadurch entsteht ein Gefühl etwas zu verpassen und damit verbunden, der Druck am Spielgeschehen teilzunehmen (vgl. ebd., S. 30f). Zugleich sind MMORPGS kommunikationsbasiert. Viele Aufgaben sind nur durch erfolgreiches Zusammenspiel zu meistern, wodurch wiederum soziale Bindungen entstehen. Somit lässt sich ein Vergleich zu sozialen Netzwerken wie Facebook ziehen, mit der Ausnahme, dass hier nicht nur gechattet, sondern gemeinsam gespielt wird. (vgl. ebd., S. 123f). Dabei steigt die Spieldauer, wenn sich soziale Kontakte entwickeln (Holdtkamp 2009, S. 90).

2.3.2 Die große Bedeutung der sozialen Kontakte: die Gilden

Koblmüller hebt die Bedeutung der Gilden hervor: Dabei handelt es sich um verlässliche Mitspieler, mit denen man sozial verknüpft wird, während die Mitglieder einer Gilde gegenüber anderen Spielern außerhalb der Gilde mit Skepsis entgegentreten (Koblmüller 2010, S. 128). Inderst beschreibt eine Gilde als eine „Gruppe gleich gesinnter Spieler“, die sich zusammenschließt, um „kooperativ in das Spiel einzugreifen“ (Inderst 2009, S. 154f). Das Hauptaugenmerk sollte dabei auf dem Begriff „kooperativ“ liegen. Er hebt dabei ebenfalls die Bedeutung einer sozialen Gruppe hervor. Für viele Spieler ist die wichtigste Funktion eben der Chatkanal der Gilde.

Er betont dabei, dass es sich „nicht um *weak ties*, das heißt flüchtige Bekanntschaften zwischen den Gildenmitgliedern [handelt], sondern um gefestigte zwischenmenschliche Beziehungen“. Daher erschaffen Gilden soziale Räume und leisten bei den Spielern – und somit auch vielen Schülern – den Beitrag zum sozialen Lernen (vgl. ebd, S. 170f). Aufgrund dieser starken sozialen Bindungen, entsteht auch die Bedeutung des Themas für das Cyber-Bullying.

Die Suchtproblematik ist auch eine große Gefahr für Jugendliche, soll hier aber nicht im Mittelpunkt stehen. Der soziale Ruf, die Reputation einer Spielfigur und somit einer Person ist in Online-Welten, den MMORPGs, von immenser Bedeutung. Es ist daher ein einfaches eine Person psychisch zu schädigen, indem dieser Ruf ruiniert wird; denn ohne eine entsprechende Reputation in der Online-Welt – ein Spiele-Server der Firma Blizzard beinhaltet etwa 5.000 Spieler – ist es nicht möglich an einer Gilde und somit an einem großen Teil des Spieleinhalts teilzunehmen.

Willard tritt Gilden in Online-Spielen sehr kritisch gegenüber (Willard 2007, S. 24f). So bezeichnet sie diese als eine Gruppe von Spielern, die zusammenarbeiten um gezielte und koordinierte, aggressive Aktionen in der Online-Welt zu planen, um diese anschließend in der realen durchzuführen, weil sie nicht zwischen Fantasie und Realität unterscheiden können. Dieser Aussage muss massivst widersprochen werden und erinnert an die einseitige „Killerspiel“-Debatte. Der Sinn und Zweck von Gilden wurde bereits erläutert und daraus ist nicht ersichtlich, dass sich Spieler zu Gilden zusammenschließen, um einen Amoklauf oder sonstige gewalttätige Aktionen zu planen.

Durch die Rufschädigung kann somit Spielspaß und daraus folgend auch ein Hobby zerstört oder wenigstens erheblich belastet werden. Ein Wechsel des Servers, um dem Mobbing zu entfliehen, ist einerseits mit Geld und Zeit, da sich der Spieler auf dem neuen Server eine neue Reputation erarbeiten muss, verbunden, andererseits technisch nicht immer machbar. Auf jeden Fall wird das Opfer von Übergriffen doppelt bestraft, da er seine angestammte Spieleheimat verlassen muss. Dieser Aspekt des Cyber-Bullying in Online-Spielen und den damit verbundenen Folgen wird in der Literatur nahezu ausgeklammert und muss daher erwähnt und hervorgehoben werden. Es muss aber begrifflich unterschieden werden. Cyber-Bullying tritt nur unter Schülern auf. Wenn diese Vorfälle bei älteren Erwachsenen auftreten, sollte der Begriff Cyber-Stalking verwendet werden (für eine genauere begriffliche Abgrenzung siehe unten).

Von Bedeutung ist zudem der Begriff der „Immersion", vom „'Eintauchen' in eine künstliche Welt" (Koblmüller 2010, S. 34). Das Hauptmerkmal an MMORPGs ist dabei die soziale Immersion. Das „soziale Eintauchen in einer virtuelle Welt [verschafft] den Spielenden Gratifikationen (...), welche vergleichbar mit jenen sind, die durch das Interagieren mit realen Personen entstehen" (ebd., S. 47 sowie S. 57f). Die virtuellen Figuren werden während dem Spielen als reale Personen wahrgenommen. Und es ist nicht zu vernachlässigen, dass auch „reale" und enge soziale Kontakte entstehen. Zugleich muss der „Eskapismus" erläutert werden: Ein Spieler nutzt das Spiel zur Entspannung; um vom Alltag abzuschalten oder der Realität zu entfliehen (ebd., S. 114f). Für einen Online-Rollenspieler ist der Ruhm wichtig: je besser die jeweilige Ausrüstung, desto erfolgreicher und in der virtuellen Welt angesehener ist der Spieler. Dieser kann sich seiner Erfolge rühmen und präsentieren. Er kann im Mittelpunkt stehen, auch wenn ihm dies vielleicht im „realen" Leben nicht gelingt. Um beim Wettbewerb nicht abgehängt zu werden, muss investiert werden – und zwar Zeit (vgl. ebd., S. 108.).

Bei Online-Rollenspielen können vier unterschiedliche Spielertypen ausgemacht werden: die Killers, die Achiever, die Socializers sowie die Explorers. Der Achiever möchte das Spiel gewinnen und die Handlung voranbringen, der Explorer die Tiefe des Spiels erleben, der Socializier will mit anderen interagieren und der Killer will imponieren. Vor allem beim Socializer liegt das Hauptanliegen des Spiels bei der Interaktion mit anderen Menschen, während der Killer seinen Spaß auf Kosten anderer erlebt (ebd., S. 113 und Inderst 2009, S. 117; vgl. ebenfalls http://nickyee.com/facets/5motiva.html). Für eine Kontroverse von Wirkung von Gewalt in PC-Spielen sei beispielsweise Richard (2007), S. 81-86 zu empfehlen. Diese Ausarbeitung hat dieses Thema aber nicht zur Grundlage und wird daher außen vor gelassen.

3 Cyber-Bullying: die neue Gefahr im Leben der Schüler

Nun komme ich zum Hauptteil meiner Ausarbeitung, der neuen Gefahr im Leben der Jugendlichen, dem Mobbing im Internet.

3.1 Definition und Abgrenzung des Begriffes

Bevor ein Thema bearbeitet werden kann, muss eine Definition geleistet werden. Diese wird vorangestellt und von anderen Begriffen, die sich dem Mobbing annähern, abgegrenzt.

3.1.1 Die Begriffe „Mobbing" und „Bullying"

Das Wort *Mobbing* leitet sich aus dem englischen Wort „mob" ab – der Pöbel. „to mob" heißt jemanden belagern/bedrängen (www.dict.tu-chemnitz.de sowie Langenscheidt, S. 192). Ein „bully" bezeichnet einen Tyrannen. Das Verb „Bullying" kann mit „einschüchtern" übersetzt werden (Langenscheidt, S. 48). Das Online-Wörterbuch der TU Chemnitz bezeichnet „bullying" als ständige Bevormundung und Dauerschikane sowie übereinstimmend: tyrannisierend.

Mobbing wird in Deutschland als das „fortgesetzte Schikanieren eines anderen Menschen" betrachtet (Robertz 2010b, S.32f). Dieser Begriff wurde durch Heinz Leymann (vgl. ebenfalls Gerlach 2009, S. 19) geprägt – allerdings für das Verhalten von Erwachsenen am Arbeitsplatz. Olweus, der die Mobbing-Forschung zu größten Teilen voran getrieben hat, definiert *Mobben* wie folgt: „Ein Schüler oder eine Schülerin ist Gewalt ausgesetzt oder wird gemobbt, wenn er oder sie wiederholt und über eine längere Zeit den negativen Handlungen eines oder mehrerer anderer Schüler oder Schülerinnen ausgesetzt ist" (Olweus 2008, S. 22). Krowatschek differenziert nicht und versteht unter Mobbing oder Bullying „das gezielte Einschüchtern und Schikanieren einzelner Kinder im Klassenverband: Ein Kind in der Schule wird von Gleichaltrigen gedemütigt und gequält" (Krowatschek 2008, S. 52). Dabei können die Gewaltaktionen jahrelang anhalten. Diese Gewaltaktionen können körperlicher oder seelischer Natur sein. Problematisch ist, dass es Eltern und Lehrern oft verborgen bleibt. Sie zählt folgende Handlungen zum Mobbing: „Hänseln, Lächerlichmachen, Herabwürdigen, Verspotten, Beschimpfen, Schikanieren, Bedrohen und Erpressen, Ausschluss einzelner Schüler aus der Gruppe, Ignorieren ihrer Bedürfnisse, zum Sündenbock machen, Schlagen, Schubsen, Kneifen, Bewerfen mit Gegenständen, Verstecken, Wegnehmen oder Beschädigen von Sachen". Diese Handlungen bleiben dabei gewöhnlich unter der Schwelle zur Straftat, wobei „gelegentliche Hänseleien und Konflikte nicht als Mobbing bezeichnet" werden (Krowatschek, S. 54f).

Hager bezeichnet Bullying als systematischen und dauerhaften Missbrauch von Macht und beschreibt es als ein „genuin soziales Phänomen" im Rahmen stabiler Gruppen wie Schulklassen und Sportvereinen (Hager 2008, S. 38). Im Bereich von Schulen hat sich somit der Begriff *Bullying* oder auch *Mobbing an Schulen* etabliert. Für Krowatschek bezeichnet Bullying „Einschüchterungsaktionen größerer, stärkerer und einflussreicherer Schüler gegenüber Kleineren, Schwächeren und Außenseitern" (Krowatschek 2008, S. 141). Diese Art von Mobbing unterscheidet sich nämlich evident vom Mobbing am Arbeitsplatz. Robertz (2010b) fasst die unterschiedlichen Arten dabei wie folgt zusammen und unterscheidet drei Arten: körperliches Mobben, dazu gehören Schlagen, Treten und Schubsen; sprachliches Mobbing, dazu gehören Verspotten, Beleidigen und Demütigen sowie das beziehungsbezogene Mobbing: Ignorieren, Ausgrenzen und Verleumden sowie öffentliches Mobbing. Dies verursacht massiven sozialen und psychischen Stress. Zudem erwähnt er, dass etwa fünf bis neun Prozent der Schüler von Bullying betroffen sind.

Gerlach (2009) verweist darauf, dass sich der Begriff des Mobbing im angelsächsischen Sprachgebrauch nicht manifestiert hat und dort durchweg der Begriff des Bullying verwendet wird, wobei sie „bully" mit „brutaler Kerl" übersetzt. Sie erwähnt die gängige Praxis, dass Bullying und Mobbing oft synonym verwendet werden. Dabei wird „der Begriff Bullying aber auch ausschließlich zur Charakterisierung feindseliger schikanöser Verhaltensweisen bei Kindern und Jugendlichen im Schulkontext gebraucht", wobei eine andere Differenzierung zwischen dem Bully als Einzeltäter und dem Mobbing als Gruppenphänomen unterscheidet oder auch dem Bullying als eine Form extremer körperlicher Gewalt (Gerlach 2009, S. 19f). Allerdings verwendet die überwiegende Mehrheit den Begriff des Bullying ausschließlich im Kontext des Mobbing an Schulen und dem werde ich mich anschließen.

3.1.2 Die Begriffe „Hazing" und „Rookie-Taufe"

Im Bereich von Sportteams und des Militär gibt des den Begriff *„Hazing"* für die „Durchführung rituell-demütigender Prozeduren und Initiationsrituale". Gerlach führt den Begriff des „Mobbing" auf den lateinischen Begriff „mobile vulgus" zurück, was „aufgewiegelte Volksmenge" bedeutet (Gerlach 2009, S. 19). Daraus folgte der englische Begriffe „mob", was etwa Pöbel, Gesindel bedeutet, beziehungsweise „to mob", was sie mit „lärmend herfallen über, anpöbeln" übersetzt und im skandinavischen sowie deutschen Sprachgebrauch seine Verwendung fand. Die Autorin bemängelt eine weit verbreitete Verwendung des Begriffs, nämlich die Tatsache, dass dieser undifferenziert verwendet wird: „für alle Formen unfairer Attacken".

Sprachlich abgemildert gibt es in vielen amerikanischen Sportarten, vor allem aber beim American Football den Begriff der *„Rookie Taufe"*, eine Initiationsprüfung für Spieler, die ihr erstes Jahr in einer Profimannschaft absolvieren. Ein Spieler der Berlin Adler beschreibt den Sinn der Rookie Taufe folgendermaßen: „Da geht's um Dazugehörigkeit und Gruppenzwang" (www.gfl.info).

3.1.3 Die Begriffe „Cyber-Mobbing", „Cyber-Bullying" und „Cyber-Stalking"

Bei der Frage nach der Herkunft von *Cyber-Bullying* verweist Shariff (2010a, S. 10) auf Werbespots, die unterschwellig und wohl unabsichtlich Cyber-Bullying propagieren. Diese Botschaften können dadurch unterschwellig und undifferenziert von den Jugendlichen aufgenommen werden. Riebel datiert den Beginn des Phänomens Cyber-Bullying um das Jahr 2002 (Riebel 2008, S. 52). Die erstmalige Verwendung des Begriffs ist dabei nicht eindeutig. Shariff ist der Meinung, dass dies 2005 durch Belsey oder 2003 durch Willard geschah (siehe Stephan 2010, S. 16). Smith datiert frühe Formen von Cyber-Bullying ebenfalls auf das Jahr 2002 und erwähnt bis dahin hauptsächlich SMS und E-Mails (Smith 2010, S. 9).

Kohn definiert Cyber-Bullying als die „'elektronische', >>moderne<< Form des Beleidigens, Bedrohens oder Diffamierens einer oder mehrerer Personen, meist über einen längeren Zeitraum hinweg" (Kohn 2010, S. 107). Für Fais ist es ein Phänomen, dass die anonyme Form des Internets nutzt, „um andere Personen zu beleidigen, zu belästigen, sie zu erpressen, massiv zu bedrohen oder ihnen sonstigen Schaden zuzufügen" (Fais 2008, S. 116). Holtkamp bezeichnet den Begriff als „die Nutzung von modernen Kommunikationsmitteln mit dem Ziel, anderen Menschen Schaden zuzufügen" (Holtkamp 2009, S. 148). Berry zitiert die Definition des National Crime Prevention Council, wonach sich Cyber-Bullying des Internets, Handys und Videospiel-Plattformen oder anderer Technologien bedient, um Nachrichten oder Bilder zu verschicken, die anderen Personen schaden oder diese blamieren sollen (Berry 2010, S. 150). Für Volkmer tritt Cyber-Bullying auf, wenn ein „Minderjähriger ein anderes Kind unter Zuhilfenahme moderner Medien bedroht, beleidigt, belästigt oder beschimpft" (Volkmer 2008, S. 198). Mustafa betont ebenfalls die Pranger-Funktion und versteht unter Cyber-Bullying „das absichtliche Beleidigen, Bedrohen, Bloßstellen oder Belästig[en] anderer mithilfe moderner Kommunikationsmittel"; dabei werden „Lehrer als auch Schüler (...) öffentlich an den Pranger gestellt" (Mustafa 2010, S. 39). Für Gerlach ist Cyber-Bullying die wiederholte und systematische Demütigung und Beleidigung mit den neuen Medien als Mittel und Plattform, mit dem Ziel das Ansehen des Opfers nachhaltig zu schädigen (Gerlach 2009, S. 20).

Perry Aftab (siehe http://www.stopcyberbullying.org/what_is_cyberbul lying_exactly.html) spricht von Cyber-Bullying, „when a child, preteen or teen is tormented, threatened, harassed, humiliated, embarrassed or otherwise targeted by another child, preteen or teen using the Internet, interactive and digital technologies or mobile phones". Dabei ist er nicht müde zu betonen, dass es sich auf beiden Seiten der Handlung um Minderjährige handeln muss. Wenn Erwachsene involviert werden, nennt er dies „Cyber-Harassment" oder „Cyberstalking": „Adult cyber-harassment or cyberstalking is NEVER called cyberbullying". Diesem folgend würde allerdings bedeuten, dass auch das Mobbing von Schülern gegen Lehrer nicht als Cyber-Bullying, sondern als Cyber-Belästigung beschrieben werden müsste. Diesem stimme ich nicht zu. Meiner Meinung nach, kann man von einer Cyber-Belästigung sprechen, wenn dies zwischen Erwachsenen passiert. Es sollte aber der Begriff Cyber-Mobbing verwendet werden.

Für Besley ist Cyber-Bullying „die absichtliche, wiederholte und feindselige Nutzung von Informations- und Kommunikationstechnologien (...) durch ein Individuum oder ein Gruppe, um damit anderen zu schaden" (zitiert nach Trolley 2010, S. 33. Übersetzung des Verfassers; die von Besley genannten Beispiele wurden ausgelassen). Zum Teil werden auch die Begriffe „online social cruelty" und „electronic bullying" verwendet. Diese fanden auf lange Sicht aber keinen Anklang in der Wissenschaft. Patchin und Hinduja definieren es als „willful and repeated harm inflicted through the use of computers, cell phones, and other electronic device" (zitiert nach ebd.). Trolley (ebd.) schlägt im Hinblick auf die technischen Entwicklungen diese Definition vor: „Cyber-Bullying als der Gebrauch jeglicher elektronischer Medien mit dem Ziel einem anderen Individuum zu schaden" (Übersetzung des Verfassers). Smith erwähnt den Begriff des „Handy-Bullying" und meint damit Bullying durch Telefonanrufe, SMS, Bild- oder Videoaufnahmen. Er unterscheidet diesen Begriff zum Bullying im Internet, der durch E-Mail, Instant Messenger, Webseiten, Chaträume, soziale Netzwerke oder virtuelle Welten stattfindet (Smith 2010, S. 7).

Willard beschreibt „*Cyberstalking*" als „das Senden oder Veröffentlichen von schädlichem Material oder die Teilnahme an anderen Formen von sozialen Aggressionen, indem sie das Internet oder andere digitale Technologie benutzen. Diese Online-Kommunikationen können grausam sein. Cyberbullying kann 24 Stunden am Tag, 7 Tage die Woche geschehen. Schädliche Nachrichten und Videos können weitläufig verbreitet werden und es kann unmöglich sein, diese vollständig zu entfernen. Jugendliche sind zögerlich es Erwachsenen zu erzählen – aus Angst vor Überreaktion, Beschränkungen der Online-Aktivitäten und Vergeltungen des Cyberbullys" (Willard 2007, S. 1; Übersetzung des Verfassers). Smith definiert Cyber-Bullying als „an aggressive, intentional act carried out by a group or individual, *using electronic forms of contact*, repeatedly and over time against a victim who cannot easily defend him or herself" (Smith et al. 2008, S. 376). Tokunage fasst alle wichtigen Definitionen ebenfalls in einer Tabellenform zusammen (Tokunage 2010, S. 278 und vgl. auch Trolley 2010, S. 33f).

Für Robertz ist *Cyber-Stalking* die „obsessive Verfolgung oder Belästigung einer anderen Person in der virtuellen Welt". Dabei gibt es keine Verhaltensweisen, die in jedem Stalking-Fall auftreten. Jedoch geht es immer um Beziehung: „Stalker wollen von dem anderen wahrgenommen werden eine intime Beziehung oder auch nur eine Freundschaft eingehen". Es muss zwischen Beziehungsstalking, „bei dem die Suche nach Nähe vorherrschend ist", und Rachestalking, „welches häufig in einem Muster von Psychoterror Ausdruck findet" unterschieden werden. Zudem ist von Bedeutung, dass der Stalker der festen Überzeugung ist, dass sein Verhalten angemessen ist, vom Opfer provoziert wurde oder die beiden, Opfer und Täter, füreinander bestimmt sind (Robertz 2010a, S. 65). Die Betroffenheit von schwerem Cyber-Stalking, bei der um die körperliche Unversehrtheit gefürchtet werden muss, gibt er mit 2% bei Männern und 8% bei Frauen an. Bei Jugendlichen ist der prozentuale Anteil an Tätern recht ausgeglichen, im Erwachsenenalter sind dies zu 80% Männer (ebd., S. 66). Internetstalking wird durch die Sorglosigkeit vieler Jugendlicher sehr erleichtert, da sie noch keinen angemessenen Umgang mit privaten Daten gelernt haben. Der potentielle Täter entwickelt eine Obsession zum Opfer und versucht eine enge Beziehung einzugehen. Im Falle einer Zurückweisung, wird mit massiver Belästigung geantwortet. Die beste Möglichkeit um Cyber-Stalking vorzubeugen ist die Prävention: Es sollte nachgedacht werden, welche persönlichen Daten sowie Bilder und ähnliches veröffentlicht werden und somit öffentlich zugänglich sind; wie sich Kinder und Jugendliche online selbst darstellen. Unangemessene Kommunikation im Internet sollte abgebrochen und dokumentiert werden (Robertz 2010a, S. 69f).

Ich schlage für Cyber-Bullying folgende Definition vor, die alle wichtigen Punkte beinhaltet, dezent ausdifferenziert und für den Unterricht verwendet werden kann: *Cyber-Bullying ist die bewusste oder unbewusste Schädigung anderer Schüler oder Lehrer durch Jugendliche mit modernen Kommunikationsmitteln, wie Handys oder dem Internet. Die Opfer werden beleidigt, belästigt, bloßgestellt oder bedroht, mit dem Ziel diese zu diffamieren. Dies kann kurzfristig oder langfristig geschehen und die Folgen sind für die Opfer viel gravierender als beim Schulhof-Bullying, da das Opfer ganztags belangt werden kann und der gesamte weitere Le-*

bensweg betroffen sein kann. Der erste Satz dieser Definition reicht bereits aus, um den Begriff zu definieren. Die Benutzung des Terminus „moderne Kommunikationsmittel" wäre zwar allumfassender, da sich die digitalen Medien stetig weiterentwickeln; allerdings ist es für den Schulunterricht besser geeignet, wenn prägnante Beispiele angebracht werden. Die Einbettung des Teilaspektes „wiederholt und über eine längere Zeit" (Olweus 2008, S. 22) ist bei Cyber-Bullying meiner Meinung nach nicht angebracht, da bereits ein einzelnes Vergehen langfristige Folgen für das Opfer haben kann.

Trolley formuliert sehr treffend, wenn sie sagt, dass Cyber-Bullying prinzipiell Schulhof-Bullying auf Steroiden ist (Trolley 2010, S. 35). Zudem gibt es etliche Schreibweisen des terminus „Cyber-Bullying". Ich entscheide mich für diese Verwendung, um den Aspekt hervorzuheben, dass es nur eine weitere, wenn auch sehr verschärfte, Form von Bullying ist.

3.2 Die Differenzierung der jeweiligen Formen von Cyber-Bullying

Cyber-Bullying hat unterschiedliche Ausprägungen und es gibt zwei Arten diese zu unterschieden. Nach Art des Mobbings sowie der Technologie, die benutzt wird. Einerseits muss zwischen *direktem* (Flaming, Harassment, Cyber-Stalking) und *indirektem* (Deingration, outing and trickery, exclusion, impersonation und cyberstalking) Cyber-Bullying unterschieden werden. Beim direkten Cyber-Bullying erfolgt das Mobbing „durch einen tatsächlichen, direkten Kontakt des Bullys zum Victim über einen digitalen Kommunikationsweg" – wie SMS, E-Mails oder auch Telefonanrufe und soziale Netzwerke (Stephan 2010, S. 20). Beim indirekten Cyber-Bullying hingegen ist kein persönlicher Kontakt notwendig. Stephan nennt dabei die Möglichkeit der Verleumdung und Ausgrenzung sowie der Impersonation (siehe auch: Willard 2007, S. 30 und Kowalski 2008).

Eine weitere Unterteilung von Cyber-Bullying kann nach den verwendeten digitalen Medien durchgeführt werden. Zum Beispiel Cyber-Bullying durch die Verwendung von E-Mails, Instant Messengern, Chats, Webseiten, Diskussionsforen, Blogs, soziale Netzwerke, SMS oder Online-Spielen (vgl. Willard 2007, S. 21-24, Trolley 2010, S. 4f).

Shariff (2010a, S. 10) hingegen, unterscheidet zwischen zwei anderen Formen von Cyber-Bullying. Einerseits das *peer-gegen-peer-Bullying*, bei dem Schulfreunde über Blogs, Chats und Internetseiten belästigt werden und andererseits das *anti-authoritäre Bullying*, bei dem über Erzieher sexuell motivierte Witze verfasst, Filme verbreitet, modifizierte Fotos und Gerüchte verbreitet werden, wobei Schüler oft behaupten, dass sie private Konversation haben dürfen. Allerdings vernachlässigen sie die Tatsache, dass öffentlich verfasste Nachrichten auf Facebook und co. nicht privat sind, da sie von allen eingesehen werden können.

Die folgende Unterteilung der Formen von Cyber-Bullying wurde durch Willard vorgeschlagen. Die wichtigen Forscher zu diesem Themenbereich beziehen sich bei ihrer Auflistung der Formen jeweils auf Willard (vgl. daher Willard 2007, Kapitel 1 und auch Trolley 2010, S. 38f). Als Beispiele für diese Formen werde ich eigene Beispiele anbringen, die sich im Rahmen der statistischen Erhebung ergeben haben. Die Namen sind frei erfunden, da die Erhebung anonym durchgeführt wurde. Es sollte noch gesagt werden, dass sich die Formen teilweise überschneiden und nicht als strikte Unterscheidung gesehen werden können.

3.2.1 Die Beschimpfung („Flaming")

Das englische Wort „flaming" wird im deutschen Sprachgebrauch ebenfalls benutzt und beschreibt einen kurzen, aber hitzigen Austausch von Argumenten. Andernfalls kann der Begriff mit „Beschimpfung" übersetzt werden. Dieser Austausch beinhaltet eine aggressive Sprachweise, die gespickt ist mit einem vulgären, beleidigendem und aggressiven Sprachgebrauch. Flaming kann überall dort auftreten, wo kommuniziert wird. Beispielsweise in sozialen Netzwerken, Foren, SMS-Kontakten oder ähnliches. Die aggressiven Äußerungen können öffentlich oder privat stattfinden.

Beispiel

Daniel wurde beim Spielen im Internet von Andreas belästigt und hat die Person anschließend beschimpft. Es folgte ein Austausch von Beleidigungen, bis Andreas den Chat verließ.

3.2.2 Die Belästigung („Harassment")

Eine Belästigung ist das wiederholte Senden von aggressiven Nachrichten an eine bestimmte Person. Normalerweise geschieht diese Form von Cyber-Bullying durch die Verwendung von privaten Nachrichten – etwa über E-Mail oder Instant Messenger. Für das Vorhandensein der Belästigung ist es wichtig, dass die Angriffe vermehrt stattfinden und langlebiger sind, als eine Beschimpfung. Diese Form kann auch „by proxy" stattfinden. Dies bedeutet durch andere Personen, die keine persönliche Verbindung zum Opfer haben und durch den eigentlichen Täter aufgestachelt wurden. Diese Form von Cyber-Bullying kann bei akuter Bedrohung einen Strafbestand erfüllen.

Beispiel

Barbara hat Melissa auf eine normale Art und Weise ihre Meinung gesagt. Anschließend wurde sie von Melissa beschimpft. Daraufhin hat Barbara Melissa wiederholt beleidigende Nachrichten auf das Handy geschickt, die von Aggressionen gespickt waren. Zusätzlich hat sie mehrere Freunde aus dem Internet dazu gebracht, Melissa ebenfalls Drohungen und Beleidigungen zu verschicken.

3.2.3 Das Verbreiten von Gerüchten („Deingration")

Diese Unterart kann auch als „Anschwärzen" bezeichnet werden. Dabei verbreiten die Cyber-Bullys Aussagen, die grausam sein können und bewusst nicht der Wahrheit entsprechen. Diese Gerüchte können im Internet veröffentlicht werden, beispielsweise auf Pinnwänden oder Statusanzeigen in sozialen Netzwerken oder auch an Freunde des Opfers versendet werden. Das Ziel dieser Kampagne ist es, den Ruf des potentiellen Opfers nachhaltig zu schädigen. Dies ist die häufigste Form von Cyber-Bullying, die sich von Schülern gegen Lehrer richtet.

Beispiel 1

Yvonne hat sich kürzlich von ihrem Freund Stefan getrennt. Er ärgert sich massiv darüber und erstellt eine Internet-Seite. Dann beginnt er damit Gerüchte über sie zu verbreiten. Dazu zählen Geschichten und Witze über sie, aber auch Details über ihr Sexualleben. Ebenfalls verbreitet er die Unwahrheit, dass sie sich getrennt hat, weil sie in Wirklichkeit lesbisch ist. Zudem versendet er diese Informationen gezielt an ihre Arbeitskollegen und ihren neuen Freund, um ihr zu schaden.

Oder im Bezug auf das Lehrer-Schüler-Verhältnis

Beispiel 2

Kevin ärgert sich über eine schlechte Note, gründet eine Hass-Gruppe auf Facebook und erzählt, dass er nach der Schule gesehen hat, wie Frau Müller Frau Weber auf die Lippen geküsst hat.

3.2.4 Das Auftreten unter einer falschen Identität („Impersonation")

Der Cyber-Bully gelangt dabei auf illegalem Wege in den Besitz des Passworts eines Opfers (oder er ist bereits im Besitz des Passworts, weil es das

Opfer vor Monaten dem Täter mitgeteilt hat) und verbreitet anschließend, im Namen des Opfers, falsche Aussagen oder Beleidigungen.

Beispiel

Katja ist sauer auf ihre beste Freundin Laura. Sie erinnert sich an das Passwort ihres SchülerVZ-Accounts, loggt sich ein und versendet Beleidigungen sowie Nachrichten mit anstößigem und sexuellem Inhalt an den Klassenschwarm Sebastian. Als Laura am nächsten Morgen in die Schule kommt, wundert sie sich über die abwertende Reaktion Sebastians.

3.2.5 *Die Bloßstellung und Betrügereien („Outing and trickery")*

Hierbei werden persönliche Information, Bilder, Videos oder sonstige Daten vom Täter über das potentielle Opfer an andere versendet. Das Opfer kann dazu gebracht werden private Informationen mit einem Täter zu teilen – in dem Glauben, dass diese Informationen privat bleiben; dieser teilt die Informationen anschließend mit den Klassenkameraden. Möglich ist auch die Veröffentlichung von Nacktfotos der Ex-Freundin, die sie ihrem Freund voller Vertrauen geschickt hat, nachdem die Beziehung in die Brüche gegangen ist.

Beispiel

Marie ist seit zwei Jahren mit ihrer großen Liebe Friedrich zusammen. Sie erlaubt ihm eines Tages sie beim Sex zu filmen. Als die Beziehung in die Brüche geht, veröffentlicht er das Video im Internet, hängt Fotos am schwarzen Brett der Schule auf – mit ihren Kontaktdaten – und versendet das Video gezielt an ihren neuen Freund.

3.2.6 *Das Ausschließen („Exclusion")*

Diese Form zielt stark auf die Gruppenzugehörigkeit ab, wer dazugehört und wer nicht. Die emotionalen Folgen dieser Form können gravierend sein. Der Ausschluss kann auf vielen Online-Plattformen stattfinden. Etwa in Computerspielen, Blogs oder sozialen Netzwerken.

Beispiel 1

Robin ist sportlich erfolgreicher, aber weniger beliebt als Lilly. Als Sabrina wiederum im gleichen Sportverein erfolgreicher ist als Lilly, stachelt diese ihre Freundinnen dazu an, Sabrina im Internet zu ignorieren. Sabrina kann sich nicht erklären, warum Magdalena sie im Chatraum ignoriert.

Oder auch:

Beispiel 2

Ted findet keinen Gefallen an sozialen Netzwerken und meldet sich nicht an, obwohl alle seine Mitschüler dort angemeldet sind. Ebenfalls möchte er sich kein Smartphone leisten, da ihm das Geld fehlt. Daher kann er über aktuelle Themen, die online diskutiert werden, nicht mehr mitreden und wird auch im realen Leben von den Klassenkameraden ignoriert.

3.2.7 Cyber-Stalking und Bedrohungen im Internet („Cyber-threats")

Eine weitere Formen ist Cyber-Stalking. Dies beschreibt die wiederholte und fortwährende (sexuelle) Belästigung oder Verfolgung einer Person oder die offene Androhung von Gewalt („Cyber-threats"). Als Beispiel dient die Aussage von Sven im sozialen Netzwerk Wer-kennt-Wen, dass er morgen Peter zusammenschlagen werde, wenn er ihm in der Schule begegnen sollte. Oder auch die Androhung eines Amoklaufs. Es ist evident wichtig, dass solchen Aussagen mit dem nötigen Ernst entgegen getreten wird. Das Stalking einer Person wird durch das Internet hingegen massiv vereinfacht, da es sehr viel einfacher ist Informationen über eine Person herauszufinden, dieser nachzustellen und zu bedrohen. Das Phänomen Happy Slapping wurde bereits besprochen.

3.3 Cyber-Bullying kann labile Jugendliche in den Tod führen: Suizidalität als Folge des Terrors im Internet

Abbildung: Megan Meier. Quelle: meganmeierfoundation.org.

Das wohl bekannteste Beispiel für Cyber-Bullying ist der Fall der Megan Meier aus Darenne Prairie, Missouri. Kurz vor ihrem 14. Geburtstag erhing sich der Teenager am 16. Oktober 2006 nach einer Reihe von Kommentaren auf ihrem MySpace-Account. Die Mehrheit der Kommentare stammte von einem 16-jährigen Jungen namens Josh Evans, der durch diese Internetseite ein Freund Megans wurde.

Besagter Josh war allerdings keine reale Person, sondern das Profil der 48-jährigen Lori Drew, ihrer Tochter sowie einer bekannten Drews. „Josh" freundete sich mit Megan an, fasste Vertrauen, beleidigte sie aber nach einiger Zeit und sagte ihr, dass er sie hasse. Die mit der Situation völlig überforderte und an Depressionen leidende Megan schrieb am Tag des Suizids folgende Nachricht an Josh: „I just don't understand why u acttin like this" (zitiert nach McQuae 2009, S. 5). Die Jury befand die Angeklagten im anschließenden Prozess für schuldig, allerdings wurden sie aufgrund einer Entscheidung des Richters, wegen der fehlenden Gesetzeslage für Cyber-Bullying in den USA, nicht verurteilt (für eine ausführliche Variante der Geschichte siehe http://meganmeierfoundation.org/megansStory.php).

Abbildung: Ryan Halligan, Quelle: ryanpatrickhalligan.org.

Obwohl dieser Fall die meiste mediale Aufmerksamkeit bekam, war dies nicht der erste Fall von Cyber-Bullying. Ryan Halligan besuchte die achte Klasse als er am 7. Oktober 2003 den Tod durch Suizid suchte, weil er auf dem Schulhof sowie im Internet Opfer von Bullying wurde. Wenn ein Kind wegen Bullying den Tod sucht, wird dies auch als „Bullycide" bezeichnet.

Ryan wurde seit der fünften Klasse durch Mitschüler gemobbt. Es wurde unter anderem behauptet, dass er homosexuell sei. Ryan freundete sich mit einer Klassenkameradin an und führte online viele persönliche und teils peinliche Gespräche mit ihr, da er dachte, dass sie ihn mag. Vor ihren Freunden sagte sie ihm allerdings, in aller Öffentlichkeit, dass er nur ein Verlierer sei, und dass sie nichts mit ihm tun haben wolle. Online, habe sie lediglich Witze gemacht. Diese Nachrichten haben sie kopiert und an ihre Freunde via Instant Messenger weitergereicht. Die Beschämung durch das weitreichende Publikum im Internet war zu viel für den Jungen (Kowalski 2008).

Jessica Logan ist ein „sexting"-Opfer, dass Suizid beging. Sexting ist ein zusammengezogenes Wort, bestehend aus den Worten „sex" und „texting". Dieser Begriff bezeichnet das Versenden von sexuellen Bildern oder Videos, mit Hilfe des Handys oder das Veröffentlichen solcher Bilder im Internet. Jessica Logan beging im Juli 2008 Suizid, nachdem ihr Ex-Freund Nacktfotos, die Jessica ihm geschickt hat, an andere Mädchen aus ihrer Schule weiter sendete und sie in Folge dessen von diesen Mädchen gemobbt wurde. Auch dieser Fall brachte eine Reihe an Gesetzesänderungen in den USA mit sich.

Ein weiteres, im anglikanischen Sprachraum bekanntes Opfer is Rachel Neblett. Sie beging am 9. Oktober 2006 in Folge von Bedrohungen durch Cyber-Bullying Selbstmord (Zinga 2010, S. 108). Cyber-Bullying findet zwar öffentlich, aber unter Ausschluss Erwachsener statt. Durch die weltweite Zugänglichkeit des Internets werden peinliche Fotos und Videos nicht nur am eigenen Schulhof, sondern können von vielen Menschen gesehen werden.

Krowatschek (2008), S. 14f erwähnt das Beispiel eines 14-jährigen kanadischen Schülers, der sich 2002 mit einer schuleigenen Videokamera selbst beim „Laserschwert"-Kampf gefilmt hatte. Mitschüler fanden dieses Video und stellten es als Scherz auf einer Filmbörse ein. Dort wurde es vertont, bearbeitet und parodiert sowie über eine Milliarde Mal verbreitet (youtube.com, the Star Wars Kid).

Der kanadische Schüler wurde für diese Peinlichkeit weltbekannt und er wurde auf der Straße stets erkannt. Laut Krowatschek wurde er depressiv und musste psychologisch behandelt werden.

Oft erwähnt werden auch Vorfälle bei denen junge Mädchen, beziehungsweise junge Teenager ihren Freunden erlauben Nacktfotos zu machen und diese dann veröffentlicht werden, wenn die Beziehung zu Bruch geht – dies geht oft einher mit anschließender sexueller Bedrohung; oder auch Sportler, die heimlich in Klassenräumen und Umkleiden gefilmt werden (Bissonette 2009, S. 4). Ebenfalls werden Kontaktdaten von Schülerinnen und Schülern, gekoppelt mit gefälschten Fotos, in pädophilen Foren oder anderen dubiosen Kontaktseiten angeboten; dass dies eine gefährliche Praxis ist, muss nicht näher erläutert werden.

Im Jahr 2007 wurden in Montreal 26 Schüler vom Schulbetrieb ausgeschlossen, weil sie diffamierende Äußerungen über ihre Lehrer tätigten und zwar über die Hygiene eines Lehrers, die Lehrweisen eines älteren Lehrers sowie über die Tatsache, dass eine Lehrerin bekennend homosexuell ist (Shariff 2010a, S. 4). Robertz nennt weitere Beispiele (Robertz 2010a, S. 88). So seien sexuelle Beleidigungen, nach Angaben der Schüler, beinahe an der Tagesordnung. Oft werden Bilder gefälscht, die Jugendliche in sexuell peinlichen oder demütigenden Situationen zeigen. Diese sind digital bearbeitet. So wird aus einem alltäglichen Bild eine pornografische Szene dargestellt. Auch beliebt: die Einarbeitung eines Bildes in sodomistische oder homosexuelle Handlungen. Auch selbst gedrehte Videos von realen Sexualkontakten, die ursprünglich mit dem Einverständnis der Akteure gedreht wurden, finden sich zunehmend im Nachgang zur allgemeinen Besichtigung im Internet. Ausrutscher im betrunkenen Zustand sind somit auch sehr viel folgenreicher. Wird ein betrunkenes Verhalten auf Video aufgenommen und anschließend im Internet veröffentlicht, fühlt es sich an, als ob die Handlung jedes Mal wiederholt wird, wenn das Opfer die Anzahl der Hits ansteigen sieht.

In Deutschland ist Cyber-Bullying wohl durch das mediale Echo der Online-Plattform spickmich.de bekannt geworden. Dort können Schüler ihre Schulen und Lehrer bewerten. Stephan zitiert den Verband Bildung und Erziehung (VBE) (Stephan 2010, S. 17f). Dieser sieht solche Seiten einerseits als ein Portal zur freien Meinungsäußerung, andererseits besteht die Möglichkeit zur „medialen Hinrichtung“. Ein weiterer bekannter Fall stammt aus Berlin und steht im Zusammenhang mit der Internetseite Isharegossip.de. Ein junger Mann wollte seine Freundin vor Beleidigungen im Internet schützen und wurde in Folge einer Eskalation von 20 Jugendlichen brutal zusammengeschlagen (Rtl.de, Brutale Prügel-Attacke). Durch Cyber-Bullying kann der Ruf eines Schülers nachhaltig ruiniert werden, mit der Folge, dass die Opfer professionelle Hilfe brauchen (Kraft 2010).

3.4 Die Unterschiede zwischen Cyber- und Schulhof-Bullying

Cyber-Bullying entspricht in den Grobzügen einfachem Mobbing. Oft wissen die Täter nicht, welchen Schaden sie mit ihren Taten anrichten, da es sich für sie nur um Spaß handelt (siehe auch Mustafa 2010, S.80). Das Mobbing im Internet endet nicht auf dem Schulhof, sondern greift massivst in die Privatsphäre der Kinder und Jugendlichen zu Hause ein, da die neuen Medien allgegenwärtig sind.

Die große Problematik am Cyber-Bullying ist die Tatsache, dass es für die Opfer keinen sicheren Ort mehr gibt sowie die Zugänglichkeit der Bloßstellungen: Sie sind für jeden und überall einsehbar. Dadurch wird das Opfer jene Erlebnisse nicht so schnell vergessen können, da es immer daran erinnert wird; während beim normalen Bullying in der Schule der Vorfall recht bald vergessen wird (Kohn 2010, S. 108). Das Internet vergisst nicht und die Täter haben praktisch keine Kontrolle über die Inhalte, die sie verbreitet haben, da diese sehr schnell von anderen kopiert und weiter verbreitet werden können. Aufgrund der Anonymität, die durch die Karikatur „On the Internet, nobody knows you're a dog" (http://upload.wikimedia.org/wikipedia/en/f/f8/Internet_dog.jpg) treffend beschrieben wird, kann es zu weitreichenderen Angstzuständen der Opfer kommen, da sie nicht wissen wer der Täter ist. Statistische Erhebungen zeigen aber, dass Schüler über eine große Kompetenz verfügen, wenn es darum geht den Täter aufzuspüren. Der „völlig unbekannte Täter" aus dem Internet ist sehr selten, da es sich meistens um bekannte Gesichter handelt und diese so entdeckt werden können.

Die Anonymität kann aber auch dazu führen, dass Personen unabsichtlich verletzt werden, weil die Jugendlichen einerseits nicht über die Konsequenzen nachdenken und andererseits keine emotionalen Reaktionen des Täters „sehen". Dadurch können diese Reaktionen nicht zu einer Verhaltensänderung führen. Diesem Phänomen kann unter Gleichaltrigen – Schüler gegen andere Schüler – gefrönt werden, aber auch generationsübergreifend – Schüler gegen Lehrer (vgl. Mustafa 2010). In der Schule vermitteln die *bystanders*, Schüler, die das Geschehen beobachten, dem Bully Aufmerksamkeit und Öffentlichkeit. Dadurch bekommen sie mehr Macht und Bewunderung (Walrave 2010, S. 39). Bullying wird durch die Erweiterung des Cyber-Bullying zur „Lebenskatastrophe" (Robertz 2010b, S. 51-53). Früher endete eine Einsicht des Täters die Leiden des Opfers. Im Internet hingegen, kann die Verbreitung nicht kontrollieren werden. Die Verbreitung findet weltweit statt und ist nicht auf den Schulhof begrenzt. Dadurch kann es passieren, dass ein Opfer an einen anderen Ort zieht, um den Attacken zu entkommen, allerdings können die diffamierenden Medien dort schon bekannt sein. Auch zu Hause sind die Opfer nicht sicher vor Mobbing.

Jegliche Form von Bullying führt zu einer psychosozialen Belastung des Opfers (Hager 2008, S. 39f). Grundzüge der Bullyingdynamik sind die Erniedrigung des Opfers durch die öffentliche Abwertung und Stigmatisierung, die Hilflosigkeit und Isolation der Opfer, wobei sie den Verlust der Situationskontrolle wahrnehmen sowie die Passivität des Opfers und der Außenstehenden. Dabei ist eine Kultur des Schweigens charakteristisch. Bullying macht den Tätern dabei Spaß, da sie auf Kosten anderer Spaß haben und Macht demonstrieren; zudem können sie sich nicht in die Lage der Opfer hineinversetzen. Es ist wichtig hervorzuheben, dass ein Nichteingreifen durch Lehrkräfte oder Eltern verstärkend wirkt. Die Folgen von Bullying sind psychischer sowie physischer Natur. Für das Opfer sind internalisierende Auffälligkeiten typisch: ein niedriges Selbstwertgefühl, Zurückgezogenheit, Anzeichen für Depressivität und sozialer Ängstlichkeit, Leistungsabfall in der Schule und eine fehlende Motivation die Schule zu besuchen (ebd., S. 41). Die Attacken im Internet verstärken dabei die Intensität des Bullys enorm. Gegründete Hassgruppen werden zu Selbstläufern und verbreiten sich durch andere Nutzer enorm (Stephan 2010, S. 16 und vgl. Kohn 2010, S. 109).

Durch den Einsatz des Internets gibt es auch eine größere Auswahl an Kontaktmöglichkeiten für Belästigungen und auch die Lehrer müssen dringend geschult werden, weil es das Schulleben negativ beeinflusst (Meyer 2010, S. 110). Durch die fehlende emotionale Reaktion des Opfers - der Täter nimmt diese nicht wahr, da er sie nicht sieht - empfindet der Cyber-Bully keine Empathie, die ihn bremsen könnte. Zudem wird die Online-Umgebung nicht als real empfunden, sondern als ein „spielerisches Umfeld“ (Stephan 2010, S. 16f und Robertz 2010a, S. 67)

3.5 Psychologische Effekte, die im Zusammenhang mit Cyber-Bullying stehen und die Folgen für die Opfer

Der sogenannte *Cockpit-Effekt* (Lorenz 1974) kann auch auf das Phänomen Cyber-Bullying übertragen werden. Dieser Effekt bezieht sich ursprünglich auf den Zweiten Weltkrieg und besagt, dass Fußsoldaten unter mehr posttraumatischem Stress leiden, als Piloten, die Bomben abwarfen und letztendlich mehr Menschen töteten. Allerdings sahen sie diese Menschen und das Leiden nicht, da sie lediglich den Knopf für das Öffnen der Ladelucke betätigten. Genauso sehen Cyber-Bullys keine emotionale Reaktion ihres Opfers, sie drücken lediglich Knöpfe auf ihrer Tastatur. Dadurch kommen sie nicht zu der Überzeugung, dass sie jemandem schaden. Während der normale Bully Dominanz demonstrieren und sein Opfer leiden sehen möchte, sieht der Cyber-Bully dieses Leiden nicht und kann es folglich nicht genießen. Als *dissoziative Imagination* kann die Vorstellung bezeichnet werden, dass eine Online-Identität nur im Internet, getrennt vom Offline-Leben, existiert. Demnach ist Cyber-Bullying nur ein imaginärer Akt des Bullying, was natürlich nicht stimmt (vgl. Walrave 2010, S. 41).

Berichte über Cyber-Bullying verleiten zu der Annahme, dass Schüler, die aufgrund ihrer körperlichen Schwäche nicht im realen Leben mobben würden, dies online machen könnten um „mächtigeren“ Personen oder Gruppen gegenüberzutreten (Willard 2007, S. 28). Die Rolle der „bystanders“ ist beim Cyber-Bullying von noch größerer Bedeutung. Viele Aktivitäten werden in Gruppen vollzogen und können dadurch von bystandern gestoppt werden. Ebenfalls können sie versuchen den Täter aufzuhalten, wenn sie negative Kommentare oder andere Formen von Cyber-Bullying mitbekommen (Willard 2007, S. 44, vgl. auch Trolley 2010, S. 44). So könnte ein bystander im Chatroom als Zeuge fungieren oder als Vermittler zwischen Täter und Opfer eintreten (Kowalski 2008, S. 64).

Cyber-Bullying-Opfer können psychisch nachhaltiger geschädigt werden, als die Opfer von Schulhof-Bullying. Dies kann passieren, weil die Kommunikation im Internet viel grausamer sein kann, das Opfer zu jeder Tages- und Nachtzeit erreicht werden kann und die Folgen für das Opfer in Bezug auf ihren weiteren Lebensweg gravierender sind, als wenn ihnen nur die Jacke weggenommen werden würde. Durch die Anonymität der Attacken kann es passieren, dass Kinder verlernen anderen Menschen zu vertrauen und ebenfalls könnte es dazu führen, dass Aggressionen, die sich im Netz abspielen nicht für ernst genommen werden, wenn diese keine negativen Auswirkungen auf das Leben der Schüler haben. Zudem fürchten sich viele Teenager davor, Cyber-Bullying zu melden; aus Angst, dass Erwachsene die Problematik nicht verstehen oder sie sorgen sich vor einer Überreaktion der Eltern: Sie befürchten, dass ihnen das Internet weggenommen wird und dies kann heutzutage als „social kiss of death" bezeichnet werden (Willard 2007, S. 48f). Weitere Signale sind, dass ein Kind Diskussionen über seinen Computergewohnheiten vermeidet oder aufhört den Computer zu benutzen. Signale für die Beteiligung als Cyber-Bully sind ebenfalls die Vermeidung von Diskussionen über den Gebrauch des Computers, der exzessive Gebrauch des Computers oder das plötzliche Schließen von Anwendungen auf dem Computer, sobald ein Erwachsener den Raum betritt (siehe ebenfalls Trolley 2010, S. 43).

Cyber-Bullying kann verschiedene Auswirkungen haben. Die Opfer können verärgert, traurig, gestresst, verwirrt oder sehr allein sein und sich dabei hilflos fühlen. Die Täter hingegen fühlen sich glücklich und sind zufrieden. Die Langzeitfolgen sind nicht zu vernachlässigen und viel schlimmer als beim Schulhof-Bullying. Die Opfer wissen oft nicht, wer sie mobbt. Daher haben sie Schwierigkeiten anderen Menschen zu verzeihen (Kowalski 2008).

Die Opfer sehen oft keine Lösungsmöglichkeiten und akzeptieren ihre Opferrolle. Beim Schulhof-Bullying, wie auch beim Cyber-Bullying herrscht ein ungleiches Machtverhältnis zwischen Opfern und Tätern. Es bleibt wichtig anzumerken, dass Lehrer durch ein Nicht-Eingreifen den Bully passiv unterstützen. Die Eltern des Opfers sind oft nicht hilfreich, während sich die Eltern des Täters schützend vor das Kind stellen (Robertz 2010b, S. 34 und S. 36f). Die Täter hingegen haben vermehrt eine positive Einstellung zu Gewalt und genießen es im Mittelpunkt zu stehen.

Robertz ist der Meinung, dass es kein klares Profil eines Cyber-Bullys gibt (Robertz 2010a, S. 77). Als Warnsignale für das Auftreten des Phänomens nennt er Verschlossenheit, bedrückte Stimmung und Leistungsabfall. Jugendliche, die zum Opfer wurden, sind gefährdet einen bleibenden psychischen Schaden davonzutragen.

3.6 *Die Beschreibung des typischen Cyber-Bullying Täters und Opfers*

Es gibt verschiedene Gründe, warum Kinder motiviert sind, sich an Cyber-Bullying zu beteiligen (siehe Kowalski 2008). Einerseits ist es die Bündelung der aggressiven Energie oder auch das „Prestige", das erworben werden kann. Oft sind es auch „perfekte" Kinder im realen Leben. Kinder, die höflich sind und gut in der Schule. Eine Begründung kann auch Langeweile sein oder Rache für ein Bullying-Vergehen, der Drang nach Anerkennung oder der Wunsch „cool" zu sein. Aber auch: Eifersucht. Es ist viel einfacher, sich an Cyber-Bullying zu betätigen, da keine physische Stärke von Nöten ist (ebd., S. 64). Kowalski hebt hervor, dass es zu ungewolltem Cyber-Bullying führen kann, wenn elektronische Kommunikation missverstanden wird. Immerhin ist es schwieriger Sarkasmus herauszulesen, als im Gespräch herauszuhören (Kowalski 2008, S. 66).

Das typische Gewaltopfer ist ängstlicher und unsicherer als sonstige Schüler. Zudem sind sie vorsichtig, empfindsam und still. Sie betrachten sich oft als Versager, haben ein geringes Selbstwertgefühl, halten sich für weniger intelligent und wenig anziehend. Jungen sind meistens körperlich schwächer, als gewöhnliche Kinder (Olweus 2008, S. 42f). Olweus unterscheidet zudem zwischen dem passiven Opfertyp und den provozierenden Opfern. Bullying-Opfer „normalisieren" sich bis zu einem Alter von 23 Jahren, aufgrund der Tatsache, dass sie sich ihre soziale Umgebung frei wählen können. Trotzdem waren sie „in der Regel eher niedergeschlagen und hatten ein schwächeres Selbstwertgefühl".

Der typische Gewalttäter ist aggressiv gegenüber den Gleichaltrigen, oft impulsiv und hat ein starkes Bedürfnis Macht auszuüben. Auch muss die Annahme widerlegt werden, dass Bullys „unter der Oberfläche" ängstlich und unsicher sind. Statistische Daten ergeben, dass sie nicht unter einem schwachen Selbstwertgefühl leiden. Neben den Opfern und Tätern gibt es noch passive Mitläufer. Statistische Daten zeigen, dass Bullys in ihrer späteren Lebenslaufbahn oft mit dem Gesetz aneinander geraten (Olweus 2008, S. 44f).

Anzeichen für ein Dasein als Opfer sind (nach Olweus 2008, S. 61-64): es wird sich über sie lustig gemacht, sie werden herumgestoßen, in Streitigkeiten verwickelt; es wird ihnen Geld entwendet oder sie haben unerklärliche Verletzungen. Sie werden bei Mannschaftsspielen zuletzt gewählt, werden oft von Gruppenarbeiten ausgeschlossen, halten sich in der Nähe von Lehrkräften auf und ihre Schulleistungen verschlechtern sich. Anzeichen für Eltern sind, dass sie keine Klassenkameraden mit nach Hause bringen, nicht zu Partys eingeladen werden und ängstlich erscheinen. Oft haben sie ein besseres Verhältnis zu Erwachsenen als zu Gleichaltrigen (vgl. auch Stephan 2010, S. 22f). Als spezifische Anzeichen für das Dasein als Cyber-Bullying-

Opfer zählen für Kowalski die Punkte, dass ein Kind nach der Benutzung des Internets verärgert ist (dies ist wohl das wichtigste Anzeichen), nicht mehr an der sozialen Interaktion mit peer-Gruppen interessiert ist und sich die akademischen Leistungen unter Umständen verschlechtern (Kowalski 2008, S. 93). Anzeichen für Gewalttäter (nach Olweus 2008, S. 65f) sind die körperliche Überlegenheit des Täters, das Bedürfnis Andere zu beherrschen, eine niedrige Frustrationstoleranz oder fehlender Respekt gegenüber Erwachsenen. Dies ist jeweils nur eine kleine Auswahl, bezieht sich auf das Schulhof-Bullying und sollte bei näherer Betrachtung des Phänomens bei Olweus nochmals nachgelesen werden. Diese Anzeichen können, abgewandelt, aber auch auf Cyber-Bullying übertragen werden.

Auf eine Beobachtung muss nochmals gezielt hingewiesen werden: Cyber-Bullys unterscheiden sich oft von Schulhof-Bullys. Cyber-Bullys entstammen oft der höheren sozialen Schicht, die über gesellschaftlich akzeptierte und angesehene Familien verfügen, sportlich sind und gute Noten haben; diejenigen, auf die sich Lehrer und künftige Arbeitgeber verlassen können. Oft pflegen die Cyber-Bullys ein gutes Verhältnis zu den Lehrkräften (Willard 2007, S. 37, vgl. auch Trolley 2010, S. 35 und S. 43).

Trolley betont, dass auch Bullies Hilfe brauchen und nicht einfach „verbannt" werden sollen (Trolley 2010, S. 48). Zudem muss es klare Richtlinien an den Schulen geben. Auch betont sie die Verantwortung der Eltern. Diese müssen mit ihren Kindern über Sicherheit im Internet reden, über die Privilegien, aber auch mögliche Konsequenzen (ebd., S. 50f): Kinder müssen lernen, dass Wörter wehtun können und Gesagtes sowie Veröffentlichtes im Netz bleiben kann; sie müssen lernen, dass man sein Passwort nicht mit anderen teilen sollte. Auch Schulen müssen sich dringend mit dieser Problematik beschäftigen. Bei einem Vorfall sollten Informationen gesammelt werden. Um Beschwerden durch Lehrer (Stichwort Zeitmangel) im Voraus zu unterdrücken, sollten Vordrucke genutzt werden. Sollte ein Kind online belästigt werden, so empfiehlt es sich bei schweren Vorfällen vor Ort Anzeige zu erstatten. Dies kann auch online unter blka@polizei.bayern.de durchgeführt werden.

Fatal ist dabei die Tatsache, dass Mobbing im Internet anonym geschehen kann – quasi per Knopfdruck ohne der Person gegenüberzutreten. In Gruppen entsteht zudem noch ein Gefühl etwas Gemeinsames zu tun, da man mit Gleichgesinnten handelt. Zudem ist es extrem schwer etwas aus dem Internet zu bekommen, wenn es einmal hochgeladen wurde. Den Opfern sind die Bilder paradoxerweise oft zu peinlich, um etwas dagegen zu unternehmen. Dadurch verkriechen sie sich vor ihren sozialen Kontakten in ihrem realen Leben sowie vor ihren Kontakten aus dem Internet.

Die Anonymität im Internet führt dazu, dass im Internet Verhaltensweisen ausgelebt werden, die im Offline-Leben nicht gezeigt werden würden, weil diese mit Nachteilen verbunden sein könnten. Es können neue (soziale) Rollen erprobt werden, man kann das eigene Selbst neu erkunden oder auch die Wirkungen dieser Handlungen erfahren. Der Kontakt kann jederzeit abgebrochen werden; es kann getestet werden ohne die Angst emotional verletzt zu werden (Fiedler 2003, S. 29f).

3.7 Cyber-Bullying in sozialen Netzwerken

Das Internet bietet viele Vorzüge. Die Jugendlichen können sich im Netz ausdrücken, verschiedene Identitäten ausprobieren und mit Freunden in Kontakt bleiben. Allerdings müssen Kinder eine Anleitung für die Navigation durch das weltweite Netz mit auf den Weg bekommen. Es setzt sehr viele Kompetenzen voraus, wenn gedacht wird, dass die Kinder ohne Hilfe problemfrei bleiben (Shariff 2010a, S. 3). Walrave hebt hervor, dass schüchterne und introvertierte Kinder online besser kommunizieren können; sie profitieren von der Anonymität. Allerdings erzählen sie aus dieser Anonymität heraus auch die intimsten Geheimnisse. Als positiv ist zu betrachten, dass soziale Netzwerke sozusagen vereinfacht zu weltweiten Brieffreundschaften führen können. Ein negativer Aspekt von Cyber-Bullying ist die Tatsache, dass es nicht begrenzt werden kann. Das Schulhof-Bullying oder auch im Sportverein hört auf, wenn sich das Opfer vom Ort des Geschehens entfernt. Beim Cyber-Bullying geschieht dies nicht (Walrave 2010, S. 36).

Eine demokratische Führung vermindert Probleme in der Schule. Shariff hebt hervor, dass betroffene Schüler nicht gleich suspendiert werden sollten, wenn sie ihre Meinung öffentlich kundtun, sondern Schulen die tieferen Beweggründe dieser Probleme begutachten und mit den Schülern in einen Dialog treten sollen (Shariff, S. 5f). Es wird empfohlen, dass Informatik-Kurse in der Schule nicht nur Computertechniken vermitteln, sondern auch eine soziale Etiquette. Eine Null-Toleranz-Politik hingegen, mit sofortigen Ausschlüssen aus der Schule, gekoppelt mit Anzeigen, hat sich als nicht förderlich erwiesen. Die Lehrer haben schließlich den Bildungsauftrag die Schüler zu fördern und ihnen dabei behilflich zu sein, aus Fehlern zu lernen und diese bei Missverhalten nicht sofort aus der Schule auszuschließen. Schüler melden die Vorfälle oft nicht, weil sie denken, dass die Lehrer ihnen nicht helfen können oder aus Angst, dass sie ihr Handy verlieren (ebd., S. 6f).

Auf sozialen Netzwerken ist es gängige Praxis, dass jugendgefährdende Bilder oder Videos gemeldet werden können. Allerdings können diese, bis zur möglichen Sperrung, weiter eingesehen werden. Es wäre anzuraten diese Praxis zu ändern. Es wäre technisch möglich, dass dieses diffamierende Material sofort gesperrt wird und anschließend durch die Betreiber eingesehen wird und in Folge dessen gesperrt bleibt oder wieder entsperrt wird. Dadurch vermindert sich die Anzahl der Nutzer, die solches Material einsehen können, drastisch, wobei nicht verhindert werden kann, dass mindestens ein Nutzer dieses Material sieht (vgl. ebenfalls Stephan 2010, S. 74-76). Eine Erhebung in den USA mit 1277 Kindern zwischen neun und 17 Jahren stellte fest, dass 96% der Kinder mit Internet-Zugang soziale Netzwerke besuchen (Masters 2010, S. 233).

Der besondere Erfolg von sozialen Netzwerken lässt sich darauf zurückführen, dass es einerseits Treffpunkte im Netz sind – ähnlich Jugendtreffs im realen Leben sowie die Tatsache der Anonymität bei denen auch schüchterne Individuen es einfacher finden neue Kontakte zu knüpfen. Zudem können sich die Nutzer über private Gruppen oder über persönliche Nachrichten privat online treffen und kommunizieren (vgl. Holtkamp 2009, S. 106). Aufgrund der Beliebtheit des sozialen Netzwerkes Facebook bei den Jugendlichen werden präventive Schritte anhand dieses Netzwerkes gezeigt. Portale wie SchülerVZ haben ähnliche Möglichkeiten, auf diese wird aber nicht differenziert eingegangen. Bei Facebook (www.facebook.com) gibt es die Möglichkeit anstößige Inhalte dem Betreiber zu melden. Aufgrund des immensen Bekanntheitsgrades sowie der medialen Aufmerksamkeit wird bewusst darauf verzichtet, zu erklären, worum es sich bei Facebook genau handelt.

Facebook ist für Kinder und Jugendliche erst ab einem Alter von 13 Jahren erlaubt. Nach eigener Aussage hat der Schutz der Minderjährigen für das Unternehmen höchste Priorität. So funktioniert die Grundeinstellung „Alle“ bei Minderjährigen anders als bei Erwachsenen. Dies bedeutet konkret: Bei Minderjährigen, die Informationen – wie Fotos oder Status Updates – teilen wollen, sind diese tatsächlich nur von Freunden sowie Freunden von Freunden einsehbar. Das Unternehmen empfiehlt folgende Seiten, für Eltern und Erzieher, die sich über das soziale Netzwerk informieren wollen: www.facebook.com/safety und www.facebook.com/help/. Es gibt einige Tricks, womit sich die Nutzer des Netzwerks vor Belästigungen schützen können. Diese sollten unbedingt im Elternhaus oder im Klassenzimmer besprochen werden.

Ein Nutzer kann dabei selbst bestimmten, durch wen er gefunden wird. Der beste Bullying-Schutz beginnt beim Jugendlichen. Durch die Einstellungen der Privatsphäre kann ein Nutzer gezielt darauf Einfluss nehmen, wem er was von sich preisgibt und ob sein Profil beispielsweise über Google oder auch Facebook (Einstellung: Nur Freunde) gefunden werden kann. Es sollte den Jugendlichen klar gemacht werden, dass nicht jeder Nutzer des sozialen Netzwerkes gleichzeitig ein Freund ist. Die Jungen und Mädchen, die das Netzwerke nutzen, sollten sich bei einer Freundschaftsanfrage gezielt die Frage stellen: will ich mit dieser Person befreundet sein? Im realen Leben teilt man schließlich auch nicht mit jedem seine privaten Gedanken, Gefühle, Daten, Aufenthaltsorte und ähnliches. Sollte man trotz präventiver Maßnahmen belästigt worden sein, empfiehlt es sich diesen Missbrauch über die Meldefunktion zu melden. Dadurch wird der Vorfall untersucht und Facebook entscheidet, ob es sich um einen Verstoß gegen die Nutzungsbedingungen handelt. Anschließend wird diese Person verwarnt oder in hartnäckigen Fällen aus dem System ausgeschlossen, beziehungsweise gesperrt. Wenn ein Nutzer einen anderen Nutzer über dem Melde-Button (unter „Optionen" neben dem Namen des Absenders) meldet, wird diese Person automatisch auf eine Liste mit blockierten Personen gesetzt. Über die „Blockieren"-Funktion kann zudem verhindert werden, dass gewisse Nutzer zu einem Kontakt aufnehmen können und es kann auch ausgewählt werden, ob Nutzer, die mit einem nicht befreundet sind, Nachrichten an den jeweiligen Nutzer schicken können (https://www.facebook.com/settings/?tab=privacy§ion=block&h=1ed85716faef0600c7ca7a863e0ead68).

Wenn Mobbing-Gruppen entstehen, werden diese gelöscht sowie die Gründer von der Nutzung des Portals ausgeschlossen. Dies geschieht jedoch nur, wenn diese entdeckt werden oder die Administratoren durch Nutzer auf diese aufmerksam gemacht wurden (Krowatschek 2008, S. 128f). Krowatschek verweist auf zwei Vorfälle, die im Zusammenhang mit Schüler/StudiVZ-Gruppen rechtliche Folgen hatte (ebd., S. 131). So wurde eine Siebtklässlerin im Mai 2007 aus Nenndorf bei Hamburg von der Schule verwiesen, weil diese eine Lehrerin online beleidigt hat. Durch die öffentliche Sichtbarkeit des Beitrags hat die Schulhoflästerei einen anderen Stellenwert. Die Eltern des Mädchens erwirkten gerichtlich den erneuten Besuch der Realschule. 100 weitere Schüler wurden in diesem Zusammenhang von der Schulleitung abgemahnt. Eine weitere Meldung vom April 2008 erwähnt die Entlassung von neun Hotelangestellten in Folge einer Gruppeneröffnung und der folgenden Klage über Arbeitsbedingungen, Lästereien über die Gehbehinderung ihres Chefs sowie die Planung angeblicher Brandstiftung.

3.8 Präventive Maßnahmen

Bei diesem Themengebiet ist es von evidenter Bedeutung, dass präventiv gehandelt wird. Daher wird erst die Bedeutung hervorgehoben, bevor praktische Tipps gegeben werden.

3.8.1 Die Bedeutung der Prävention

Kohn weist darauf hin, dass Personalabteilungen von Unternehmen gezielt in sozialen Netzwerken nach Informationen über ihre Bewerber suchen. Unvorteilhafte Fotos, Beiträge und andere Dinge, die im Netz bewusst oder unbewusst über die Jugendlichen einsehbar sind, können somit drastische Folgen für die spätere Berufslaufbahn und den gesamten Lebenswege haben (Kohn 2010, S. 92; vgl. auch Adamek 2011, S. 46f). Der Stellenwert der Prävention kann deshalb nur immer wieder betont werden. Die Schüler müssen lernen, dass es nahezu unmöglich ist Informationen aus dem Internet zu löschen.

Cyber-Bullying kann am Besten vorgebeugt werden, wenn mediale Kompetenzen der Kinder und Jugendlichen gestärkt werden, eine positive Schulkultur und eine Vertrauensbeziehung zwischen Lehrern und Schülern vorherrscht, denn Bullying und somit Cyber-Bullying tritt gehäuft in Klassen mit fehlender Klassengemeinschaft und fehlenden Regeln auf. Es ist wichtig, Schülern Grundkompetenzen des sozialen Miteinanders, der Harmonie, zu vermitteln und die Empathiefähigkeit zu steigern. Auch sollten sie im Umgang mit Zivilcourage gestärkt werden (Robertz 2010a, S. 77).

Berry schlägt eine andere Methode vor, um Cyber-Bullying zu entdecken (Berry 2010, S. 158f). Diese Methode sollte nur der Vollständigkeit halber erwähnt werden. So ist sich der Autor sicher, dass er mit der Hilfe eins Programms Cyber-Bullying entdecken kann, indem er Chat-Protokolle auswertet. Allerdings hilft dieser Vorschlag nicht bei der Prävention, sondern lediglich bei der Datensammlung. Daher wird dieser Vorschlag nicht weiter ausgeführt. Es ist für die Prävention von großer Bedeutung, dass klare Klassenregeln herrschen, die Klassengemeinschaft gefördert wird und der Lehrer über Autorität verfügt. Zudem müssen Bullying-Vorfälle konsequent aufgearbeitet werden. Wie Robertz richtig anmerkt: ein Lehrer könnte sich zwar darüber beschweren Lehrzeit zu opfern, allerdings lernen die Schüler durch das Vorhandensein eines sozialen Friedens schneller und sind glücklicher (Robertz 2010b, S. 34). Ebenfalls hebt er die Bedeutung der Klassenkameraden, der „bystanders" hervor. Einerseits haben diese Angst selbst zum Opfer zu werden oder wissen nicht, wie man dem Opfer helfen soll. Dabei ist es vorerst nicht hilfreich, dass die Opfer sozial wenig angesehen sind. Die Häufigkeit von Bullying nimmt dabei ab, wenn die Schüler ihren Beitrag leisten können bei der Erarbeitung der Schulregeln. Es wird daher empfohlen dies gemeinsam mit den Lehrern zu tun (Shariff 2010a, S. 22f).

Die Schule bleibt somit der wichtigste Ort der Vermittlung von Medienkompetenz, aber Stephan zitiert eine Studie Bofingers, wonach sich 48% von 9.000 bayerischen Lehrkräften im ersten Schulhalbjahr 2006 nicht mit medienerzieherischen Themen beschäftigt haben (Stephan 2010, S. 68). Als Gründe wurden Zeitnot (27%) und fehlende technische Kompetenz (17%) angegeben. Dadurch ist davon auszugehen, dass ein Großteil der Schüler mit Defiziten in der Medienkompetenz das Schulgebäude verlassen – mit erheblichen potentiellen Gefahren für das weitere Leben. Eine Weiterbildung von Lehrern auf diesem Gebiet scheint dringend erforderlich.

Kowalski zitiert David Walsh, einen Psychologen, der zugleich Präsident des National Institute on Media and the Family ist, und bringt einen interessanten Ansatz an. Walsh folgend, ist das Gehirn eines Jugendlichen noch nicht voll entwickelt, vor allem der präfrontale Kortex. Dieser ist dafür zuständig, dass Risiken eingeschätzt und mögliche Konsequenzen bedacht werden. Dies ist, für Walsh, eine mögliche Begründung, warum sich Teenager so oft in gefährlichen Situationen befinden, da sie denken, dass potentielle Netz-Täter sie nicht anschreiben werden, nach dem Motto, „[that] won't happen to me“ (zitiert nach Kowalski 2008, S. 119).

Die Maßnahmen gegen Cyber-Bullying bauen auf dem erfolgreichen Bullying-Programm von Olweus auf (siehe Olweus 2008, S. 69-105).

Walrave definiert einige Risikofaktoren, die dazu führen können ein Opfer zu werden (siehe Walrave 2010, S. 43). Demnach sind diejenigen Kinder, die Cyber-Bullys sind, einem größeren Risiko ausgesetzt selbst zum Opfer zu werden. Schüler, die mit überwiegend älteren Leuten online verkehren, ihre Passwörter mit anderen teilen oder persönliche Daten über sich veröffentlichen, sind ebenfalls einem höheren Risiko ausgesetzt. Walrave gibt einen Wert von p=0,002 an, für die Wahrscheinlichkeit, dass Frauen eher zum Opfer werden als Männern.

Zudem definiert er Risikofaktoren für ein Täter-Dasein (ebd., S. 44). Es ist neun Mal wahrscheinlicher, dass sie zum Täter werden, wenn sie ein Opfer waren. Die Einstellung ist ebenfalls von Bedeutung. Wenn sich die Schüler ablehnend gegenüber Cyber-Bullying äußern, ist es weniger wahrscheinlich, dass sie solche Taten begehen. Jugendliche, die online verschiedene Identitäten besitzen, haben eine drei Mal höhere Chance zum Täter zu werden. Gemäß Walrave sind Jungen eher als Mädchen (p=0,040) Täter und die Häufigkeit von Cyber-Bullying steigt geringfügig mit dem Alter an (p=0,009). Ebenfalls ist es wahrscheinlicher in die Täter-Rolle zu schlüpfen, wenn jüngere Kinder online mehr Zeit verbringen (p=0,024), der Computer im eigenen Zimmer steht (p=0,129) und mit Technik umgehen können (p=0,099). Daraus folgt die Schlussfolgerung, dass Schülern gezeigt werden muss, welche negativen Auswirkungen Cyber-Bullying hat, damit sie solche Taten weniger wahrscheinlich begehen.

Scaglione listet folgende Signale auf, wodurch Jugendliche als Cyber-Bullying Opfer oder Täter erkannt werden können: Sie verbringen viel Zeit vor dem Computer und weichen Fragen aus, die ihre Internetaktivitäten betreffen oder schließen den Internet-Browser, wenn ein Erwachsener den Raum betritt (Scaglione 2006, S. 9). Die Schüler behaupten sie arbeiten sehr lange an ihren Hausaufgaben oder haben unerklärliche Bilder auf ihrem Computer.

Ein Cyber-Bullying-Vorfall muss in erster Linie genauso behandelt werden wie ein Bullying-Vorfall. Kinder sollten vorsichtig sein, wem sie ihre E-Mail-Adresse oder Telefonnummer geben. Sie sollten auch niemals ihr Passwort mit einer anderen Person teilen und andere Leute online behandeln, so wie sie es sich wünschen würden behandelt zu werden. Wenn ein Schüler im Internet geschädigt wurde, sollte er nicht auf die Vorwürfe reagieren, denn ein Täter möchte eine Reaktion des Opfers sehen und wird dafür belohnt: mit dem Gefühl von Macht und Kontrolle über das potentielle Opfer (ebd., S. 10f). Ebenfalls empfiehlt Scaglione das Wechseln der E-Mail-Adresse oder Handynummer, wenn das Problem erhebliche Ausmaße annimmt. Allerdings muss angemerkt werden, dass dies die allerletzte Lösung des Problems sein sollte. Ein Schüler würde dadurch nämlich für seine Opferrolle bestraft werden.

3.8.2 Hinweise für eine erfolgreiche Prävention

Zu aller erst sollte eine Fragebogen-Erhebung in der entsprechende Klasse durchgeführt werden, um das Ausmaß von Cyber-Bullying besser einschätzen zu können. Danach sollte ein pädagogischer Tag durchgeführt werden, bei dem sich auf eine gemeinsame Vorgehensweise verständigt wird und die Lehrkräfte sich weiterbilden können. Ein Aspekt des Schulhof-Bullying tritt auch beim Cyber-Bullying auf: Eine angenehme Atmosphäre in der Schule und eine Feedback-Kultur des Lobes vermindern die Anzahl der Vorfälle. Es ist auch anzuraten, ein Kontakttelefon oder einen „Briefkasten“ einzuführen (wahlweise auch eine E-Mail-Adresse), bei dem die Schüler die Vorfälle anonym melden können.

In der Klasse sollten klare Regeln gegen Gewalt eingeführt werden. Es ist evident, dass diese zusammen mit den Schülern erarbeitet werden. Beispiele für gemeinsame Regeln sind „wir werden andere Schüler und Schülerinnen nicht mobben“, „wir werden versuchen, Schülerinnen und Schülern, die gemobbt werden, zu helfen“ und „wir werden uns Mühe geben, Schülerinnen und Schüler einzubeziehen, die leicht ausgegrenzt werden“. Erfreulicherweise wird an den meisten Schulen keine vollkommen neue Bullying-Agenda entwickelt werden müssen. Die jetzigen sollten nur aktualisiert und durch Maßnahmen gegen Cyber-Bullying ergänzt werden. Lehrer können präventiv agieren, indem sie Rollenspiele durchführen, literarische Werke zu dem Phänomen lesen, vermehrt kooperatives Lernen einführen und gemeinsame, positive Klassenaktivitäten gestalten, nach dem Motto: kein Kind wird allein- oder zurückgelassen. Es ist wichtig, dass ein Problembewusstsein geschaffen wird und die medialen Kompetenzen der Kinder gestärkt werden.

Sollten Fälle auftreten, ist es ratsam ernsthafte Gespräche mit den Gewalttätern und -opfern sowie deren Erziehungsberechtigten zu führen. Auch dem Elternhaus müssen eventuell Handlungsstrategien vermittelt werden. Das Ausmaß der jeweiligen Schritte muss durch die statistische Erhebung sowie der persönlichen Einschätzung der jeweiligen Lehrkraft ermittelt werden. Die positive Wirkung von Olweus Programm ist wissenschaftlich erwiesen. Daher ist davon auszugehen, dass dieses präventive Programm auch beim Cyber-Bullying erfolgsversprechend ist.

Dambach empfiehlt das Anlegen eines Soziogramms (vgl. Dambach 2011, S. 62f). Dabei können die Schüler gefragt werden, mit wem sie wünschen zusammenzuarbeiten. Die zweite Schulstunde sollte damit begonnen werden, öffentliche Informationen über die Schüler im Internet zu sammeln. Es ist davon auszugehen, dass vieles gefunden wird. Pro Schüler sollte dann eine Seite ausgedruckt werden und während der Abwesenheit der Schüler im Klassenraum aufgehängt werden. Hier sollte mit einem stillen Impuls gearbeitet werden und anschließend über den Umgang mit privaten Informationen geredet werden. Es wäre dabei als sehr positiv einzuschätzen, falls sich keine Informationen finden würden. Dies ist aber, aufgrund der hohen Nutzungsdichte von sozialen Netzwerken, unwahrscheinlich. Durch diesen Unterrichtsbeginn werden sich die Schüler über das Risiko des Teilens von Informationen bewusst und sie werden sich hoffentlich zwei Mal überlegen, wie offenherzig sie in Zukunft sein wollen.

Für eine erfolgreiche Intervention wird geraten, Beweise zu sichern und als ersten Schritt die Angriffe zu ignorieren oder dem Täter mitteilen, dass seine Aktionen falsch sind. Falls ein gefälschtes Profil erstellt wurde, sollte dieses vom Betreiber des sozialen Netzwerkes entfernt werden. Wenn der Täter ein Mitschüler des Opfers sein sollte, dann müssen der Rektor sowie die beteiligten Eltern und unter Umständen die Polizei darüber informiert werden. Wenn das Kind psychischen Stress verspürt, sollte zudem der Schulpsychologe aufgesucht werden. Das Opfer muss dringend von den Erziehungsberechtigten unterstützt werden und sie müssen wissen, dass es angebracht ist, solche Vorfälle zu melden. Sollte ein Kind als Cyber-Bully aktiv sein, dann wird angeraten angemessen mit den Eltern darüber zu reden und nicht sofort Vorwürfe zu erheben, bevor die Anschuldigungen überprüft wurden. Es wäre nicht der erste Fall bei dem sich der Cyber-Bully als das eigentliche Opfer herausstellt. Zudem sollte klar sein, dass es für Eltern schwierig ist zu akzeptieren, dass sich das eigene Kind an solchen Aktivitäten beteiligt. Ablehnung und Nicht-Akzeptanz dieser Aussagen könnten die Folge sein (vgl. Kowalski 2008, S. 106-109). Die dritte Schulstunde sollte einen Cyber-Bullying-Vorfall herauspicken und dieser sollte mit den Schülern gemeinsam erarbeitet werden. Dabei bleibt es der Lehrkraft überlassen, wo er seine Schwerpunkte setzt. Ich würde vorschlagen, entweder einen deutschen Vorfall zu benutzen oder den traurigen Fall der Megan Meier.

Jeder Mobbingverdacht sollte in der Schule ernst genommen werden und die Kinder sollten zum Erzählen ermutigt werden. Das oberstes Ziel sollte sein das Mobbing tatsächlich zu beenden (Krowatschek, S.70f). Scaglione hebt die Tatsache hervor, dass auch die Eltern mehr Verantwortung übernehmen müssen für die Aktivitäten ihrer Kinder und verwendet dafür die überaus passende Metapher, dass es genauso fahrlässig ist, ein Kind im Internet ohne die Unterstützung und Anleitung der Eltern sich selbst zu überlassen, wie dem Kind „eine Waffe in die Hand zu drücken und darauf zu hoffen, dass es das Richtige damit macht“ (Scaglione 2006, S. 13, Übersetzung des Verfassers).

Viele Autoren, die sich mit dem Thema Cyber-Bullying beschäftigen, geben den Ratschlag den Computer an einen Ort zu stellen, an dem sich viele Familienmitglieder bewegen, beispielsweise einen Flur oder das Wohnzimmer (vgl. beispielsweise Scaglione 2006, S. 14), mit der Begründung, dass ein Computer im eigenen Zimmer vielen Problemen Tür und Tor öffnet. Allerdings muss hier eingewendet werden, dass Jugendliche auch ein Recht auf ihre eigene Privatsphäre haben und sie nicht bei jedem Schritt überwacht werden wollen – genauso wie sich viele Erwachsene darüber beschweren, wenn sie, ohne erkennbaren Verdacht, auf öffentlichen Plätzen gefilmt werden. Hier muss unbedingt altersgerecht gehandelt werden. Es ist selbstverständlich, dass eine Zehnjährige keinen Computer mit Internetanschluss ohne ausreichende Aufsicht benutzen sollte. Allerdings sollten einer beispielsweise 17-jährigen mehr Freiheiten eingeräumt werden. Es sollte aber unbedingt darauf geachtet werden, dass klare Regeln für den Internetgebrauch aufgestellt und mögliche Gefahren besprochen wurden.

Am Ende der Unterrichtseinheit sollte bei den Schülern die Botschaft angekommen sein: „Halt, sei schlauer!“. Diese drei Schritte bedeuten:

- Hör auf, mit dem was du machst; reagiere nicht auf die Attacken. Jugendliche sind oft impulsiv und denken nicht über die Konsequenzen nach (*Hör auf – und antworte nicht*).
- Sichere Beweise der Taten, lösche sie nicht (*Sichere die Informationen*).
- Teile die Informationen mit einem Erwachsenem, dem du vertraust und der dir eine sichere Anleitungen geben kann, um adäquat auf die Situation zu reagieren (*Teile dich mit*). (Vgl. Trolley 2010, S. 79)

Die Kinder sollten lernen, dass sie im Internet nett sein sollen, da sie mit realen Menschen kommunizieren. Sie sollen erst nachdenken, bevor sie etwas Veröffentlichen und dem Gegenüber mit gebührendem Respekt gegenübertreten. Für präventive Schritte ist es wichtig, dass in der Klassengemeinschaft Zeit für das Thema Cyber-Bullying verwendet wird. Es ist auch wichtig, dass die Eltern über dieses digitale Phänomen informiert werden und mit Vorschlägen sowie Materialien versorgt werden, damit sie wissen, wie sie mit dem Thema umzugehen haben (Kowalski 2008).

Viele Schulen reagieren mit der Bannung von sozialen Netzwerken aus dem Schulkontext. Es ist zwar richtig, dass es Schülern nicht erlaubt ist, während der Unterrichtszeit soziale Netzwerke zu benutzen, aber soziale

Netzwerke müssen zum Unterrichtsgegenstand gemacht werden. Diese dürfen nicht aus der Schule verdrängt werden, da die Schule eine pädagogische Verantwortung trägt. Soziale Netzwerke gehören mittlerweile zum Alltag der Jugendlichen und sie werden nach der Schulzeit teilweise noch häufiger benutzt. Daher sollten die Schüler mit den Gefahren nicht alleine gelassen werden. Vor allem die Eltern stehen hier in der Verantwortung. Diese dürfen das Problem nicht zur Seite schieben, mit der Begründung, dass Kinder Kinder sind („kids being kids"), wenn sie im Internet Mobbing betreiben (Kowalski 2008 und vgl. Willard 2007, S. 142.).

3.8.3 Die Bedeutung der Medienerziehung

Die Schulstunde zum Thema „Medienerziehung: Vor- und Nachteile des Internets" mit dem Schwerpunkt auf Chatrooms und Netiquette wurde bereits in einem Unterrichtsversuch im Rahmen des Studienbegleitenden C-Praktikums im Sommersemester 2010 an der Staatlichen Michael-Ignaz-Schmidt-Schule in Arnstein erprobt. Trotz der Zielgruppe der 7. Klasse ist diese auch für die 9. Klasse geeignet und zwar wegen dem hohen Anteil an beleidigen Kommentaren in der Alltagssprache der Jugendlichen.

Das Präventionsprogramm bezieht sich auf drei Unterrichtseinheiten, die vom Fach- oder Klassenlehrer jederzeit im Schuljahr eingebaut werden können. Es ist allerdings ratsam, dies als Projekt zu gestalten; beispielsweise nach einer geschrieben Klassenarbeit oder bevor ein neues Thema angefangen wurde und ein wenig Freiraum herrscht. Das Interventionsprogramm – ein Stundenentwurf, beziehungsweise eine Anleitung für Lehrer, basiert auf Gardner (2010) sowie Olweus und wurde vom Verfasser dieser Ausarbeitung modifiziert sowie verfeinert. Da es sich um keine didaktische Ausarbeitung handelt, wird auf eine didaktische Begründung der Vorgehensweise sowie eine Auseinandersetzung mit dem Lehrplan oder ähnliches bewusst verzichtet.

Der Computer und das Internet gehören im Jahre 2010 zum Alltag eines jeden Jugendlichen und zumeist sogar von Grundschulkindern (vgl. Petry 2010, S. 54, 80 und 82). Der Autor führt dabei unter anderem eine Untersuchung an, wonach 97% der 12- bis 19-jährigen das Internet nutzen und es zwischen dem Anteil von Jungen und Mädchen kaum Unterschiede gibt. Eine Studie aus dem Jahr 2006 beziffert die wöchentliche Computernutzung mit 84%, während die Nutzung des Internets bei 77% liegt, wobei die Nutzung für Computerspiele dabei an zweiter Stelle liegt, da sie den Nutzern „Spaß bereiten und zur Entstehung einer sozial vernetzten Gamer-Szene" geführt haben; vgl. hierzu auch: Hornung 2009, S. 88). Die Informationsgesellschaft des 21. Jahrhunderts erfordert neue Kompetenzen, eine Teilhabe an den neuen Medien ist unabdingbar (Beisbart 2009, S. 130). Eine qualitativ hochwertige Medienerziehung, die schon früh einsetzt, ist daher von großer Bedeutung. Dabei gehören die Bereiche „Surfen, Chatten und Gamen" zu den „häufigsten Erscheinungsformen des spielerischen Umgangs mit dem PC/Internet", die sich auf die „Erlebnisqualitäten der Unterhaltung, Beziehungsbildung und Identitätsentwicklung beziehen" (ebd., S. 53). Chat und Internetforen sind, neben E-Mail und SMS, „der Mündlichkeit nahestehende Textsorten mit eigenen Schreibkonventionen" (ebd., S. 132), die in der Schule vermittelt werden sollten. Dabei scheinen gängige Klischees bestätigt, wonach Mädchen eher der „persönliche[n] Kommunikation und Kontaktaufnahme im Chat und in Online-Communitys" nachgehen und Jungen das „Herunterladen von Musik zur Unterhaltung und das Gamen" bevorzugen (Petry 2010, S. 82).

Die Mediennutzung muss dem „Individuum situations- und bedürfnisgerecht geling[en]" (Beisbart 2009, S. 130). Dazu gehören „Handhabungs- und Bedienungskompetenzen für die Hardware und die Programme, [die] sprachliche Fähigkeiten zum Lesen und vor allem zum Schreiben und zur Gestaltung, zum Teil e-Mail-spezifischer Natur, [sowie] kulturelles Wissen über Wesen, Möglichkeiten und Grenzen des Kommunikationsformats, einschließlich kommunikationsethischen Bewusstseins" (ebd., S. 131). Es bedarf „hoher Fähigkeiten, um kompetent, reflektiert und bedürfnisgerecht mit den Neuen Medien umgehen zu können. Deshalb sind präventive Maßnahmen erforderlich, die zur Verbesserung der Medienkompetenz bei allen Altersgruppen und in verschiedenen Handlungsfeldern (...) führen" (vgl. Hornung, S. 88). Medienkompetenz (für eine genauere Definition und Einführung des Bereiches Medienkompetenz sei Frederking 2008 empfohlen) kann dabei als die „Fähigkeit zu Selbst- und Fremdverständigung" unter Bedingungen einer „medialisierter Erfahrungswirklichkeit beschrieben werden" (Beisbart 2009, S. 133). Für Dieter Baacke sind medienbezogene Teilbereiche dabei die Medienkritik, -kunde und -gestaltung sowie die Zielorientierung, während Susanne Barth die Teilbereiche Handhabungskompetenz, kritische Kompetenz, Gestaltungskompetenz und ästhetische Kompetenz unterscheidet (vgl. ebd.). Die Medienkompetenz beinhaltet einen „reflektiert-kritischen Umgang mit den Optionen und Restriktionen der Neuen Medien und eine konstruktiv-gestalterische Entwicklung persönlicher Kompetenz durch den Mediengebrauch" (ebd., S. 81). Zudem führen die digitalen Medien zu einer „Steigerung von Reflektivität und Medialitätsbewusstsein".

Aspekte der Medienkompetenz sind dabei ein „reflektierter Umgang mit den Möglichkeiten und Grenzen des Mediums", der „kreativ-konstruktive[n] Nutzung der medialen Optionen" sowie der „Entwicklung sozialer und persönlicher Kompetenzen durch den Mediengebrauch" (ebd.). Für den Bereich der Computerspiele sind nicht nur die „'Killerspiele' und deren aggressionsförderndes Potenzial", worauf sich die politischen Diskussionen versteifen, sondern auch die „konstruktiven Spielangebote", die ein fester Bestandteil der Jugendkultur sind, von Bedeutung (ebd., S. 54f. Als Beispiel führt der Autor die neuen Bewegungsspiele rund um die populäre Spielekonsole „Wii" von Nintendo an.).

Allerdings kann die staatliche Institution Schule die geforderten Medienkompetenzen nicht alleine vermitteln. Am besten geeignet für die Vermittlung der Kompetenzen ist dabei der fächerübergreifende Projektunterricht (siehe auch Beisbart 2009, S. 134f). Ebenfalls sinnvoll für die präventive Arbeit sind die beiden folgenden Videos: einerseits einen Werbespot zum Thema Cyber-Bullying (http://www.youtube.com/watch?v=eSWKl3GLSkA) sowie den Werbespot „Wo ist Klaus?" (http://www.youtube.com/watch?v=Zu6z9Fa8spQ). Weitere hilfreiche Hinweise für eine erfolgreiche Prävention sind folgende Punkte. Eltern könnten mit den Schülern Internetnutzungszeiten vereinbaren und ihnen klar machen, dass sie Gewalt nicht hinnehmen. Zudem sind ein positives Schulklima sowie eine positive Feedback-Kultur von erfolgsversprechender Bedeutung. Es können, statt einzelnen Schulstunden, Projekttage zu diesem Themengebiet veranstaltet werden und es sollte auch klar sein, dass eine exzessive Mediennutzung Probleme mit sich bringen kann. Zu aller erst muss die Schule darauf hin arbeiten eine einheitliche Definition von Cyber-Bullying zu schaffen, da es eine Vielzahl gibt und Unterschiede zum Mobbing festzustellen. Ebenfalls müssen sich Eltern und Mitschüler der Eigen- und Mitverantwortung bewusst sein und es können Informationsblätter zur Verfügung gestellt werden. Den Schülern sollte bewusst gemacht werden, dass sie Personen in sozialen Netzwerken ignorieren und beim Betreiber melden können. Ebenso Fotos. Ein Nachteil dieser Praxis ist allerdings, dass diese Dinge erst einmal gemeldet werden müssen und somit von mindestens einem Jugendlichen gesehen werden.

3.9 Bullying gegenüber Lehrkräften

Winterhoff bezeichnet mit Cyber-Bullying, in Bezug auf das Lehrer-Schüler-Verhältnis, ein „modernes An-den-Pranger-Stellen von Lehrern auf diversen Internet-Seiten" (Winterhoff 2009, S. 159). Dabei kann es sich um Bewertungs-Seiten, wie spickmich.de, handeln, auf denen Schüler Ihren Lehrern Noten vergeben können oder auch Videos, die auf diversen Portalen hochgeladen wurden und physische sowie psychische Gewalt gegen Lehrer dokumentieren und gleichzeitig ins Lächerliche ziehen. Die Formen der Attacken unterscheiden sich dabei nicht vom Schüler-gegen-Schüler-Mobbing. Nichtsdestotrotz können die Konsequenzen genauso gravierend sein; ob falsch erhobene Vorwürfe gegen einen Lehrer, der als pädophil bezeichnet wird, ein mit Bildbearbeitungsprogrammen gefälschtes Bild einer

Lehrerin auf dem Kopf einer Pornodarstellerin oder Beleidigungen gegen das Aussehen und den Charakter einer Lehrkraft.

Gemein haben die Vorwürfe, dass sie sich zumeist nicht auf die pädagogische Arbeit der Lehrkraft richten und diese nach klaren Vorgaben bewerten, sondern den Ruf der Lehrkraft gezielt dezimieren. Auf spickmich.de können Schüler ihre Lehrer anhand Kriterien, wie „Unterricht", „Coolness", „Notengebung", „Vorbereitung des Unterrichts", „Erscheinungsbild" und „Beliebtheit" bewerten. Die Bewertung erfolgt anhand von Schulnoten, wobei die Beurteilenden anonym bleiben. Das System bemüht sich um Objektivität: Bewertungen werden erst veröffentlicht, wenn mehrere eingegangen sind. Allerdings ist Objektivität nicht gegeben und letztendlich handelt es sich um einen virtuellen Pranger (siehe Kohn 2010, S. 95). Die Bewertung der Lehrkräfte ist prinzipiell erlaubt (ebd., S. 96) – wie das Bundesverfassungsgericht 2009 bestätigte; solange nicht der Tatbestand der Verleumdung erfüllt wird (vgl. ebenfalls Meckel 2007). Winterhoff erwähnt als Begründung der Schüler für solche Taten, dass diese nur Spaß wollen und der Konsequenzen ihres Handelns somit nicht bewusst sind (Winterhoff 2007, S. 160f). Zudem bezeichnet er die Lehrkräfte als Zielobjekt der „lustgesteuerte[n] Aggressivität der Schüler".

Zugleich sollte gesagt werden, dass dies fälschlicherweise oft mit dem Recht auf „freie Meinungsäußerung" begründet wird. Für Holdtkamp ist klar: Eine Feedback-Kultur an Schulen vermindert die Anzahl an Cyber-Bullying-Fällen (Holdtkamp 2009, S. 149). Ebenfalls wird sich im Hinblick auf das Lehrer-Mobbing oft Hassgruppen bedient, in denen Schüler ihren aufgestauten Frust von der Seele reden wollen – was schon einmal zu einem Schulverweis führen kann (Spiegel Online, Lehrerbeleidigung; vgl. ebenfalls Adamek, S. 29f).

3.10 Die Rechtslage in Deutschland im Zusammenhang mit Cyber-Bullying

Im Gegensatz zu vielen anderen europäischen Ländern (vgl. Stefkovich 2010, S. 139-158 für eine Zusammenfassung verschiedener amerikanischer Gerichtsurteile), ist die Gesetzeslage über Cyber-Bullying klar geregelt, auch wenn es keine gesonderten Gesetze für dieses Phänomen gibt. Die Gesetze können entweder im jeweiligen Gesetzbuch, bei Volkmer (2008), S. 286-291, Mustafa (2010), S. 158-161 oder beispielsweise auch unter http://www.gesetze-im-internet.de/ nachgelesen werden. So tritt der § 201a, Absatz 1 StGB in Kraft, wenn eine Person heimlich in einer Umkleide gefilmt oder fotografiert wird (Richard 2007, S. 97). Der Tatbestand der Verleumdung wird erfüllt, wenn ehrverletzende Behauptungen mit dem Bewusstsein verbreitet werden, dass diese unwahr sind – § 185 Beleidigung, § 186 üble Nachrede, § 187 Verleumdung (Volkmer 2008, S. 49).

Volkmer empfiehlt bei Beleidigungen das Tätigen eines Screenshots und eine Anzeige wegen Beleidigung (ebd., S. 60f). Allerdings sollte zusätzlich ein visueller Zeuge anwesend sein. Bei einer Strafanzeige sollte zudem ein Eilverfahren angestrebt werden, damit die Inhalte schnell aus dem Netz verschwinden. Vorher sollte jedoch geprüft werden, ob es sich bei den Äußerungen um eine freie Meinungsäußerung oder eben Verleumdung handelt (ebd., S. 65). Cyber-Stalking ist nach § 238 StGB strafbar, unter dem Tatbestand der „Nachstellung" (ebd., S. 85). § 22 des Kunsturheberrechtgesetzes tritt in Kraft, wenn Bilder ohne Erlaubnis veröffentlicht werden. Es ist wichtig anzumerken, dass eine Veröffentlichung möglich ist, falls für die Aufnahmen bezahlt worden ist. Dies bedeutet: Ein kleines Geschenk gilt im Zweifelsfall als Entlohnung. Bei der Veröffentlichung von erotischen Bildern liegt zudem eine schwerwiegende Verletzung des allgemeinen Persönlichkeitsrechts nach § 823 BGB sowie Artikel 1, Abs 1, 2 Abs 1 Grundgesetz, vor, da es sich um eine sittenwidrige Schädigung handelt (ebd., S. 94). Sollten solche Aufnahmen nicht mehr aus dem Netz zu bekommen sein, so kann Schmerzensgeld verlangt werden. Nach einem Gerichtsurteil vom 27. April 2006 bekam eine Klägerin 25.000 Euro Schmerzensgeld zugesprochen, da ein Versuch des Löschens mehrmals scheiterte (ebd., S. 95).

Auch die sexuelle Belästigung von Kindern, auch ohne körperlichen Kontakt, ist im StGB geregelt und zwar nach § 176 Abs. 3 StGB/alt; § 176 Abs.4 StGB/neu (ebd., S. 189). Falls Überwachungssoftware zur Abwehr von sexueller Belästigung von Kindern eingesetzt werden soll (siehe zum Beispiel http://www.protectcom.de/index.php), so muss darauf hingewiesen werden, dass diese Praxis bei Erwachsenen nach § 201 und § 202 StGB strafbar ist. Es ist wichtiger Kinder über die Gefahren aufzuklären (ebd., S. 192). Die Inhalte auf sozialen Netzwerken hingegen werden durch die Nutzer erstellt und somit macht sich ein Anbieter für jugendgefährdende Inhalte nur dann strafbar, wenn ihm diese bekannt sind (Holtkamp 2009, S. 104). Bei der Sicherung von Beweisen sollte angemerkt werden, dass die Erstellung von Screenshots keine hohe Beweiskraft besitzt, da diese leicht zu fälschen sind. Eine höhere Beweiskraft erlangen visuelle Zeugen, die spezifische Aktivitäten auf dem Bildschirm gesehen haben. Eine noch höhere Beweiskraft entsteht durch die Sicherung der IP (Volkmer 2008, S. 348). Der jeweilige Internetanbieter (Provider) kann diese dann auf den jeweiligen Täter zurückverfolgen. Allerdings ist es besser Screenshots als Beweise zu besitzen, als gar keine Beweise. Wer nicht weiß, wie Screenshots erstellt werden, dem sei beispielsweise Volkmer, S. 342-353 empfohlen.

3.11 Studien, die im Zusammenhang mit Cyber-Bullying stehen

Kowalski erwähnt einen interessanten Versuch, um zu ermitteln, wie sich Cyber-Bullying entwickelt (Kowalski 2008, S. 68). Bei diesem Versuch wurden elf Mädchen im Jugendalter mit Handys, Webcams und Computern im Internet versorgt. Eine zweite, geschlechtergemischte Gruppe, mit etwas älteren Individuen wurde als „beliebte" („popular") Gruppe repräsentiert. Im Laufe des Wochenendes nutzten die Mädchen das volle ihnen zur Verfügung stehende Arsenal, um die Spitze der sozialen Hierarchie zu erreichen. Dabei konkurrierten sie um die Anerkennung und Aufmerksamkeit der „beliebten" Gruppe und nutzten alle Möglichkeiten von Cyber-Bullying-Taktiken, um ihren angestrebten sozialen Status zu erreichen.

3.11.1 Ergebnisse über die Internetnutzung Jugendlicher

Eine amerikanische Studie aus dem Jahr 2004 mit 1.100 Teenagern (12-17 Jahre alt) kam zu dem Ergebnis, dass 87% der Jugendlichen das Internet nutzen (Trolley 2010, S. 7f). Da die Daten aber aufgrund der Schnelllebigkeit der digitalen Welt mittlerweile als veraltet betrachtet werden können, sollte davon auszugehen sein, dass ein noch größerer Prozentsatz vernetzt ist. Eine Studie des Center for missing and exploited children mit 13- bis 17-jährigen Teenagern besagt, dass 71% der Jugendlichen Profile auf sozialen Netzwerken besitzen, 69% regelmäßig Nachrichten von Fremden bekommen - ohne dass die Eltern darüber Bescheid wissen, 64% Fotos und Videos von sich veröffentlichen und 58% angeben, wo sie leben (zitiert nach ebd., S. 8). Der Drang nach der Nutzung von neuen Technologien geht soweit, dass anscheinend sogar 5-jährige Kinder von Klassenkameraden ausgegrenzt werden, wenn sie beispielsweise keinen Ipod besitzen (siehe ebd., S. 14). Die statistische Erhebung des „National Center for Missing and Exploited Children" aus dem Jahr 2005 befragte Eltern über die Aktivitäten und es kam zwar zu dem Ergebnis, dass 42% der Eltern nicht wissen, was die eigenen Kinder in Chatrooms oder Instant Messengern schreiben, allerdings sollte darauf hingewiesen werden, dass Eltern ihren Kindern im Voraus viel Vertrauen schenken und annehmen, dass ihr Kind verantwortungsvoll mit der Technologie umgehen kann. Zudem wurden die Daten erhoben, dass lediglich 30% der Kinder einen Computer in ihren privaten Räumen haben (Walsh 2005). Eine englische Studie fand heraus, dass 43,7% der Opfer zu Hause nichts von den Vorfällen erzählen. Zudem kam eine kanadische Studie von Li aus dem Jahr 2007 zu dem Ergebnis, dass 65% der Jugendlichen nicht denken, dass Erwachsene ihnen helfen können (zitiert nach Walrave 2010, S. 37).

3.11.2 Studien über das Cyber-Bullying von Kindern und Jugendlichen

Die i-safe-Studie aus den Jahren 2004/2005 mit 1500 Schülerinnen und Schülern der vierten bis achten Klasse lieferte folgende Datensätze: 42% der Kinder wurden Opfer von Cyber-Bullying, davon 25% mehr als einmal. 35% wurden online bedroht, davon 20% mehr als einmal. 21% der Jugendlichen bekamen bedrohende E-Mails, während 58% verletzende Aussagen übermittelt wurden, bei mehr als 40% geschah dies öfters. Gleichfalls haben 53% der Kinder verletzende Aussage übermittelt, mehr als 33% mehrfach und über die Hälfte (58%) haben den Eltern nichts erzählt und eine weitere britische Studie kam zu dem Ergebnis, dass 25% der Kinder Opfer von Cyber-Bullying wurden (zitiert jeweils nach Trolley 2010, S. 41f. Siehe auch www.isafe.org). Smith (2007) gibt die Anzahl von Cyber-Bullying-Vorfällen bei Lehrern mit 17% an.

In einer englischen statistischen Erhebung mit 11.000 Schülern gaben 6% (für die Jahre 2002 und 2004; für die Jahre 2004-2005 waren dies 7%) an, dass sie „once in a while" bedrohende Nachrichten bekamen. Dabei waren mehr Mädchen als Jungen betroffen. Allerdings ist eine Inkonsistenz der Geschlechterrollen vorhanden (Smith 2010, S. 12). Weltweite Studien unterscheiden sich in den Erkenntnissen; mal sind mehr Jungen, mal mehr Mädchen involviert. Die Studien belegten auch, dass manche Schüler denken, dass sie, im Vergleich zum Schulhof-Bullying, Cyber-Bullying eher „ausschalten" können. Pragmatisch gedacht: Der Computer ist aus und somit sind sie auch nicht betroffen. Allerdings geht dies nicht konform mit der Annahme, dass die Schüler gerade wegen der Anonymität vermehrt unter Angstzuständen leiden, weil sie nicht wissen wer der Täter ist und somit, sozusagen, jede Person auf der Straße als Täter vermuten.

Stephan berichtet, dass 34% Jugendlichen negative Erfahrungen im Internet gemacht haben, wie Schüler- oder Lehrerhassgruppen auf SchülerVZ (Stephan 2010, S. 30f). Verschiedene Studien belegen, dass es Gemeinsamkeiten gibt zwischen dem Schulhof-Bullying und dem Bullying im Internet; auch dort sind die Täter aktiv. Eine Studie von „i-Safe America" aus dem Jahr 2004 mit 1,500 Schülern der vierten bis achten Klasse kam zu den Ergebnissen, dass 42% der Schüler online gemobbt wurden und 25% mehr als einmal sowie 35% der Schüler bedroht wurden. Zudem bekamen 58% der Schüler verletzende Kommentare, während 53% davon betroffen waren und 58% der Schüler dies gegenüber einem Erwachsenen nicht erzählt haben (Scaglione 2006, S.8f).

Adamek zitiert eine Studie der Universität Münster, die 419 Schülerinnen und Schüler befragt hat (Adamek 2011, S. 38f). Die Autoren der Studien haben erwartet, dass aufgrund des recht hohen Alters (durchschnittlich 18 Jahre), der hohen Bildung mit einem gymnasialen Anteil von 86% und dem hohen Anteil der weiblichen Teilnehmer (70%) eine geringe Quote an Betroffenen vorzufinden sein wird. Allerdings kam die Studie zu dem Ergebnis, dass mehr als ein Drittel (35%) der Befragten „mindestens einmal in den letzten zwei Monaten Opfer von Cyberbullying geworden" sind und sogar über die Hälfte (55%) angab, mindestens einmal als Täter aktiv gewesen zu sein, wobei sie der Meinung waren, dass es sich „nur [um] ein[en] Scherz" handelte.

Eine britische Studie aus dem Jahr 2005 mit n=770 Kindern zwischen elf und 19 Jahren kam zu dem Ergebnis, dass 20% Opfer und 11% Täter von Cyber-Bullying waren. Eine kanadische Studie aus dem Jahr 2006 mit n=264 Schülern der Klasse sieben bis neun kam auf Prozentzahlen von 25% für die Opfer- und 11% für die Täterrolle. Eine belgische Studie mit n=318 Jugendlichen zwischen zwölf und 18 Jahren ermittelte Prozentzahlen von 34,2% für die Opfer- und 21% für die Täterrolle, wobei sich nur 2% als systematische Täter und 2,6% als Opfer von systematischem Cyber-Bullying sahen. Eine weitere Studie ergab zudem, dass 24,3% der Eltern glauben, dass ihr Kind ein Opfer sei, während nur 9,1% die Annahme vertraten, dass ihr Kind ein Täter sein könnte. Es ist als positiv zu betrachten, dass die Mehrheit der Schüler nur einmalig und nicht systematisch Opfer der Übergriffe wurde. Nach einer Studie des Zentrums für empirische pädagogische Forschung der Universität Landau aus dem Jahr 2007, die nach Mustafa (2010) zitiert wird, sind 19,9% der befragten Schülerinnen und Schüler der ersten bis 13. Jahrgangsstufe von Cyber-Bullying betroffen. Größtenteils werden Beleidigungen und Gerüchte über das Opfer verbreitet. Weitere Studien werden sehr gut von Kowalski zusammengefasst (Kowalski 2008, S. 70-83). Da es sich um Studien aus dem anglikanischen Sprachraum und keine deutschen handelt, verzichte ich darauf, diese nochmals zu rezipieren. Bei Interesse können sie dort nachgelesen werden. Ich möchte lediglich die Betroffenheitsraten hervorheben, wobei angemerkt werden muss, dass die Definitionen von Cyber-Bullying und somit die Interpretation der Ergebnisse variiert; allerdings kann dadurch ein kleiner Überblick gegeben werden. Kowalski fasst bei der Frage nach der Betroffenheit von Cyber-Bullying folgende Werte zusammen:16%, 22%, 6%, 19% und 9%. Dabei bezeichnen sich 11%, 23% und 47% der Jugendlichen als Täter und 21,9%, 21%, 17% und 18% als Opfer. Bei der Frage nach der Verteilung der Geschlechterrollen, wurden Betroffenheitsraten für Mädchen von 25%, 40% und 44% festgestellt. Für Jungen liegen die Prozentzahlen bei 11%, 38% und 28%. Demnach befinden sich Jungen geringfügig geringer in der Opferrolle vertreten. Li (2006) fand zugleich heraus (nach Kowalski 2008, S 83, vgl. auch Trolley 2010, S. 16f), dass die Hälfte der Opfer überdurchschnittliche Noten und nur ein Drittel der Täter überdurchschnittliche Noten hatte. Kowalski berichtet noch von einer Studie mit 3700 Schülerinnen und Schülern, die besagt, dass nahezu 50% der Jugendlichen nicht wusste, wer sich hinter dem Täter-Profil verbirgt (Kowalski 2008, S. 65). Anders interpretiert: Es ist überraschend, dass über die Hälfte der Kinder erkannt und herausgefunden hat, wer der Täter war. Dies scheint überraschend, da immer die Anonymität der Taten betont wird (vgl. auch Willard 2007, S. 80f). Daher kann gesagt werden, dass die Möglichkeit besteht den Täter zu ermitteln – trotz der Möglichkeit sich zu anonymisieren.

Shariff fasst viele länderspezifische Studien, gut lesbar und in tabellarischer Form, zusammen (Shariff 2008b, S. 44-47). Dabei möchte ich drei Werte gesondert hervorheben, die Aufmerksamkeit verdienen. Es wird eine Studie aus den USA erwähnt, wonach 75-80% der zwölf bis 14-jährigen Opfer von Cyber-Bullying wurden, in Kanada haben diese Erfahrung 84% geteilt und in einer britischen Studie gaben 73% der Jugendlichen an, dass sie die Täter kannten. Für eine Auseinandersetzung mit den gängigen deutschen Studien sei Jäger (2009) empfohlen. Der Autor fasst dabei die wichtigen gekonnt zusammen.

Hoff bringt, im Hinblick auf die Verteilung der Geschlechterrollen, einen interessanten Aspekt an. Demnach erzählten 65% der Schüler, dass die Vorfälle „Freunden" passiert sind. Dies passiert aber überwiegend bei Jungen, Mädchen erzählen eher, dass es ihnen persönlich passiert ist. Daher führt es Hoff zu der Annahme (Hoff 2010, S. 56-58), dass die Sozialisation der Geschlechter die Antworten der Befragten beeinflusst. Zudem führt sie an, dass 91% der Frauen wegen ihrem Aussehen gemobbt und seltener wegen der sexuellen Präferenzen oder den sportlichen Fähigkeiten. Bei Männern hingegen gibt sie einen Prozentwert von 77% an, für das Mobbing über die sexuelle Orientierung. Frauen werden also auch auf der weiblichen Ebene, dem Aussehen, angegriffen, Männer folglich auf der männlichen – den sportlichen Fähigkeiten. Ebenfalls werden bei der Beschreibung der Vorfälle andere Wörter benutzt. Mädchen nutzen Ausdrücke wie „threatening", „hunting down" oder „watching", Jungen eher Wörter wie „kill", „beat up" und andere aggressive oder dominante Aussagen. Frauen sehen sich auch bei den Aussagen in der Opferrolle, während sich Männer auf die „opposing side of a fight" platzieren. Zudem erwähnt Hoff, dass Frauen eher zu einem Verhalten neigen, bei dem sie Telefonnummern wechseln oder bestimmte Seiten meiden und sich neue Freunde suchen, während sich Männer physisch wehren wollen. Frauen bevorzugen dagegen das Verbreiten der Gerüchte und sie denken, dass sie sich an die Situation gewöhnen müssen (ebd., S. 59f). Als psychologische Effekte, in Folge von Cyber-Bullying, nennt sie Angst und Hilflosigkeit sowie ein geringeres Selbstvertrauen.

Volkmer gibt an, dass 49% der Cyber-Stalking-Delikte vom Exfreund ausgehen. Daher ist es sehr ratsam vorsichtig zu agieren, wenn es um Bilder mit erotischem Charakter geht (Volkmer 2008, S. 98).

Walrave kommt zu dem Schluss, dass sich mehr Frauen (42,5%) als Männer (26,24%) in der Opferrolle befinden (zitiert jeweils nach Walrave 2010, S. 28f). Die schlimmsten Erfahrungen waren für die Schüler ein Einbruch in die Privatsphäre, indem in den E-Mail-Account eingebrochen wurde (96,5%), dicht gefolgt von heimlich gefertigten Bildern und Videos (89,1%), dem Empfangen von unerwünschten Nachrichten (83,6%) sowie der Ausschluss aus Online-Diskussionen (76,7%). Die Täter sind dabei vermehrt älter als ihre Opfer und er führt aus, dass es erscheint, als ob es ein Phänomen des untersten und mittleren Bildungsgrades ist (Walrave 2010, S. 31). Kowalski (2008) meint, dass Mädchen öfters involviert sind, wenn es darum geht Vorfälle zu melden und kommt zu dem Schluss, dass ein Zusammenhang zwischen Cyber-Bullying und der sozialen Beklemmung („social anxiety") besteht.

Eine Studie, die sich speziell mit der Frage der Geschlechterrollen befasst, belegt, dass satte 72% der Frauen und 28% der Männer zugeben ein Opfer gewesen zu sein. Allerdings sagen Männer seltener die Wahrheit, da sie nicht als Opfer bezeichnet werden wollen. Sie kennen detaillierte Beispiele für Cyber-Bullying, geben aber an, dass es „Freunden" passiert ist. So kam es in der besagten Erhebung vor, dass sie von Freunden erzählten, dann allerdings aus Versehen zugaben, dass es ihnen passiert ist. Mädchen sind demnach offener. Dennoch ist ein Wert von 72% als sehr kritisch zu bezeichnen, da dieser extrem hohe Wert in sonst keiner Studie auffällt (Hoff 2010, S. 55). Trolley zitiert verschiedene Studien, die zu unterschiedlichen Ergebnissen kommen (Trolley 2010, S. 16f). Demnach kommt Li im Jahr 2006 zu dem Ergebnis (n=264), dass Jungen eher als Cyber-Bullys gelten (vgl. auch Scaglione 2006, S. 8f), während Kowalski im Jahr 2008 die Einschätzung gewann, dass diese Rolle eher den Mädchen zusteht. Ein Datensatz Kowalskis aus dem Jahr 2005 gibt an, dass sich 25% der Mädchen in der Opferrolle befanden und 11% der Jungen. Mahdavi und Smith kamen zu dem Schluss, dass eher die Frauen als Opfer vertreten sind, Patchin und Hinduja bestätigen diese Schlussfolgerungen. Dabei verbreiten Mädchen eher Gerüchte, während Jungen physisch drohen. Eine Studie von www.fightcrime.org fand in der Opferrolle Prozentsätze von 44% bei Mädchen und 28% bei Jungen vor. Die University of New Hampshire kommt zu dem Ergebnis, dass 9% der Jugendlichen online belästigt wurden (zitiert nach Meyer 2009, S. 21). Willard zitiert eine Studie von Kowalski und Limber (Willard 2007, S. 28f und S. 39). Diese kam zu der Schlussfolgerung, dass 12% der Schulhof-Bullys auch im Internet als Bullys tätig werden und 17,7% der Schulhof-Opfer auch im Internet zu Opfern wurden. Laut der Erhebung von Kowalski und Limber, können 13% der Mädchen und 8,6% der Jungen als Opfer bezeichnet werden, während 5%

der Mädchen und 8% der Jungen zugaben als Cyber-Bully aktiv gewesen zu sein (vgl. ebenfalls ebd., S. 30-32).

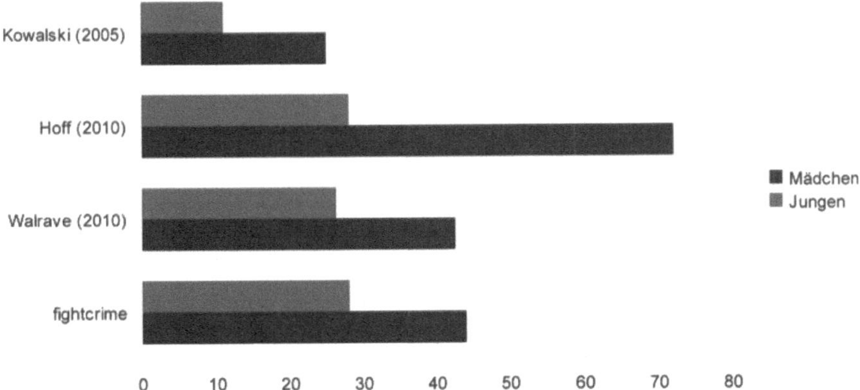

Abbildung: Grafische Darstellung der zitierten Studien über die Verteilung der Opferrolle bei Cyber-Bullying, im Hinblick auf die Geschlechter. Die Grafik wurde vom Verfasser eigenhändig erstellt.

4 Eine nicht-repräsentative statistische Erhebung zum Thema Cyber-Bullying

Nachdem das Thema definiert, näher erläutert und ein Überblick über vorhandene Studien gegeben wurde, möchte ich nun meine Ergebnisse darstellen.

4.1 Anmerkungen zur Studie

Die statistische Erhebung wurde im Juni 2011 an drei Schulen in Baden-Württemberg durchgeführt. Im Fokus der Befragung stand die neunte Jahrgangsstufe einer privaten Mädchenrealschule, einer staatlichen Realschule sowie eines staatlichen Gymnasiums. Es wurde sich bewusst für die neunte Jahrgangsstufe entschieden, da die Schüler zum Zeitpunkt der Befragung zwischen 14 und 16 Jahren alt waren, nach bisherigen Studien bereits zahlreiche Erfahrung mit der Thematik hatten und zudem über ausreichend Kompetenzen verfügen sollten, um angemessen mit den neuen Medien umzugehen. Zusätzlich wurden die Lehrer der jeweiligen Schulart zum Thema Cyber-Bullying befragt.

Der Fragebogen wurde selbstständig erstellt und besteht aus drei Teilen: Zuerst wurde die Mediennutzung der Jugendlichen sowie der Einfluss der Eltern erfasst. Anschließend folgen Fragen zum Themengebiet des Cyber-Grooming. Der Fokus liegt allerdings beim Cyber-Bullying. Beim Fragebogen handelt es sich um einen schriftlichen Fragebogen, der von den Schülern im Klassenzimmer ausgefüllt wurde und vollkommen anonym ist. Der Autor war dabei anwesend, um eventuell auftretende Fragen zu klären und um die statistische Erhebung kurz zu erläutern. Zusätzliche wurde eine Webseite (http://umfrage.breakpoint.cc/) eingerichtet, auf der Schüler und Lehrer den Autor anonym kontaktieren konnten. Die Teilnahme der Lehrer war freiwillig. Der jeweilige Schulrektor verteilte die Fragebögen im Lehrerzimmer und der Rücklauf wurde eine Woche später abgeholt.

Bei der statistischen Erhebung nahmen n=36 Lehrer sowie n=292 Schüler teil. Der Altersdurchschnitt der Lehrer betrug 39,2 Jahre, die Schüler waren durchschnittlich 15,08 Jahre alt (Der Begriff „Durchschnittsalter" wird folgend durch das Zeichen Ø) ersetzt. Der Fragebogen wird geschlechter- und schulartspezifisch ausgewertet, wobei auf eine gezielte Auswertung zwischen der Mädchenrealschule und den Mädchen in der staatlichen Realschule verzichtet wird. Die gewonnenen statistischen Daten sind dabei von großer Relevanz, da es zwar viele repräsentative und wissenschaftlich fundierte Studien für den anglikanischen Sprachraum gibt; es existieren aber keine repräsentativen deutschen Studien, die Cyber-Bullying zum Schwerpunkt haben. Allerdings besitzt auch diese Studie keinen repräsentativen Charakter und kann lediglich als grobe Einschätzung der Problematik angesehen werden. Es muss noch abschließend angemerkt werden, dass die Auswertung in Tabellenform manchmal keine 100% ergibt. Dies ergibt sich daraus, dass einige Schüler manchmal keine Angabe gemacht haben. Diese Werte werden nicht gesondert angegeben, sondern bei den Prozentzahlen nicht berechnet. Die jeweiligen Definitionen von „Belästigung", „Bloßstellung", „Diffamierung", „Demütigung" und „Bedrohung" im Hinblick auf Cyber-Bullying wurden auf dem Fragebogen abgedruckt und können dem Anhang entnommen werden. Dies sollte gewährleisten, dass jeder Schüler die einzelnen Formen unterscheiden kann. Zudem haben die Schüler manchmal handschriftliche Kommentare hinzugefügt. Wenn dabei stand, dass die Schüler einen Laptop und keinen Computer besaßen (dies geschah sieben Mal), so wurde dies so gewertet, dass der Computer in ihrem eigenen Zimmer stand, da ein Laptop mobil ist und die Aktivitäten des Kindes somit nur bedingt von den Eltern eingesehen werden können.

4.2 *Auswertung der Lehrer-Fragebögen*

Auf eine Auswertung der Unterschiede zwischen der Mädchenrealschule sowie der Realschule wird, aufgrund dem geringen Rücklauf der Fragebögen, verzichtet. Allerdings kann die Realschule mit dem Gymnasium verglichen werden.

Bei der statistischen Erhebung nahmen elf Lehrer der Mädchenrealschule teil, davon waren sieben Frauen (Ø 29,0 Jahre, zwei Lehrerinnen verzichteten auf eine Altersangabe) und vier Männer (Ø 50,5 Jahre, zwei Lehrer verzichteten auf eine Altersangabe) sowie sieben Lehrer der Realschule, davon drei Lehrerinnen (Ø 29 Jahre, zwei ohne Angabe des Alters) und vier Lehrer (Ø 38,3, ein Fragebogen ohne Angabe des Alters). Beim Gymnasium kamen ebenfalls 18 Fragebögen zurück; zehn wurden von Frauen ausgefüllt (Ø 39,9, zwei ohne Angabe), acht von Männern (Ø 48,3, zwei ohne Angabe).

4.2.1 *Auswertung der Lehrer an der Mädchenrealschule und staatlichen Realschule*

Die befragten Lehrer gaben an, dass sie flächendeckend einen Computer mit Internetanschluss besitzen (100%) und im eigenen Haushalt Regeln im Umgang mit dem Computer sowie Internetseiten herrschen (75%), wobei 44,4% der Befragten eigene Kinder haben. Zwar informieren sich 88,9% der Lehrer über die Gefahren des Internets und immerhin 61,1% kennen den

Begriff Cyber-Bullying. Es wird sich allerdings sehr selten über das Thema im Kollegium unterhalten. Lediglich 16,7% der Lehrkräfte gaben an, dies getan zu haben. Es ist dabei signifikant, dass es zwar eine relativ hohe Zahl an Lehrenden (61,1%) gibt, die den Begriff Cyber-Bullying kennen, allerdings hat davon nur etwa ein Drittel (22,2%) der Lehrkräfte das Thema im Unterricht behandelt. Der Aspekt der üblen Nachrede aus der Anonymität hinaus sowie die moralische Verantwortung gegenüber anderen Menschen war dabei von Bedeutung.

Es stellte sich heraus, dass Frauen den Schülern eher ihre E-Mail-Adresse im Klassenzimmer notieren, damit diese die Lehrkraft kontaktieren können (Frauen 60%, Männer 37,5%). Trotzdem sind sie dabei vorsichtig. 10% der Lehrerinnen (25% der Lehrer) gaben den Schülern die private E-Mail-Adresse und 50% (12,5% der Lehrer) richteten sich eine zweite Adresse für den Schulalltag ein. Beim Telefonkontakt sind hingegen die Lehrer aktiver: 50% teilen ihre Telefonnummer mit. Bei den Frauen sind dies nur 30%. Soziale Netzwerke sind ebenfalls bei den, im Schnitt jüngeren, Lehrerinnen angesagt, bei denen 27,2% bei Facebook sowie studiVZ/meinVZ angemeldet sind. Allerdings werden diese nicht genutzt, um Kontakt mit den Schülern zu halten. Nur eine männliche Lehrkraft ist in sozialen Netzwerken aktiv.

Während die Männer das Internet hauptsächlich dazu nutzen, um sich zu informieren (100%) und unterhalten zu werden (50%), nutzen bei den Lehrerinnen 36,4% das Internet um Kontakt mit Freunden zu halten, 81,2% um sich zu informieren und 27,3% nutzen das Unterhaltungsangebot.

Vier Lehrkräfte gaben zudem an ihre Kinder bei ihren Online-Aktivitäten zu kontrollieren. Die Begriffe „Cyber-Grooming“ und „sexting“ sind lediglich 16,7% der Lehrkräfte bekannt, wobei keine Geschlechterunterschiede vorherrschen. Erwartungsgemäß wurden mehr Frauen (50%) als Männer (37,5%) von Fremden im Internet angeschrieben, wobei dies niemand angenehm fand. Somit ist vor allem den weiblichen Lehrkräften das Problem des Kontaktes durch Fremde bekannt – ein Zustand mit dem viele Jugendliche zu kämpfen haben. Allerdings hatte der Versuch der Kontaktaufnahme keinen sexuellen Hintergrund. Zudem wurde ein Lehrer Opfer von Cyber-Bullying (5,6%). Dabei wurde der Täter ermittelt und es wurde einerseits die Schulleitung kontaktiert und andererseits die Polizei verständigt.

Internetseiten, wie www.spickmich.de, bei denen Lehrer benotet werden, finden keinen Anklang bei den Lehrkräften. Es wurde bemängelt, dass solche Seiten nicht objektiv sind und man miteinander und nicht übereinander reden soll. Zudem herrsche auf solchen Seiten die Gefahr des Rufmords. Noten gehören zudem nicht ins Internet – weder von den Lehrkräften, noch von den Schülern. Eine Lehrerin bezeichnete dies als „totalen Mist“, vor allem im Hinblick auf die älteren Kollegen.

4.2.2 Auswertung der Lehrer am Gymnasium

Die Gymnasiallehrer haben mit 66,7% einen höheren Anteil an Pädagogen mit eigenen Kindern. Dies mag mit dem höheren Alter der Lehrerschaft zusammenhängen. Allerdings herrscht nur ein nahezu flächendeckender Anschluss an das digitale Leben, bestehend aus Computer und Internetanschluss (94,4%). Die Hälfte der Lehrer hat dabei Regeln aufgestellt im Umgang mit den jeweiligen Medien. Der Anteil der Lehrer, die sich über die Gefahren des Internets informieren, ist sogar minimal höher als bei den Kollegen der Realschule (94,4%). Obwohl der Anteil am Wissen über Cyber-Bullying geringfügig geringer (55,6%) ist, scheint das gymnasiale Kollegium redefreudiger zu sein, im pädagogischen Austausch über dieses Thema. Der Wert ist im Vergleich zur Realschule doppelt so hoch (33,3%). Daraus folgt ein geringfügig erhöhter Anteil an Lehrkräften, die Cyber-Bullying zum Unterrichtsgegenstand gemacht haben (27,8%). Während bei der Behandlung des Themas in der Realschule eher der moralische Aspekt und die Gefühlsebene im Vordergrund stand, neigt das Gymnasium dazu stärker in die Zukunft zu schauen. Im Mittelpunkt standen die weltweite Verbreitung von Informationen im Internet sowie die unter Umständen eintretenden Auswirkungen auf die spätere Laufbahn und der Umgang mit den persönlichen Daten. Ebenfalls hoch im Kurs: Verhaltensregeln, die Erhöhung der Diagnosefähigkeit und das Anbieten eines Hilfsangebots.

Das Angeben der eigenen E-Mail-Adresse ist im Gymnasium ebenfalls eher verbreitet. Satte 72,2% der Lehrer geben ihre Adresse an die Schüler weiter. Das Vertrauen zur Schülerschaft scheint dabei recht groß zu sein, da 56,6% ihre private E-Mail-Adresse angeben. Dabei gibt es keine Geschlechterunterschiede. Der Anteil an ausgetauschten Telefonnummern hingegen ist geringer (38,9%). Die sozialen Netzwerke werden trotz des höheren Durchschnittsalters häufiger frequentiert: 44,4% der befragten Lehrer gaben an soziale Netzwerke zu nutzen mit keinen relevanten Geschlechtsunterschieden. Zwei Lehrkräfte, gleich verteilt auf die Geschlechter, nutzen die Netzwerke um mit Schülern außerhalb der Zeiten in der Schule in Kontakt zu bleiben. Trotz der niedrigen Anzahl ein Unterschied zur Realschule bei der es verpöhnt schien, mit Schülern außerhalb der Schulzeit in Kontakt zu bleiben.

Ebenfalls gibt es kleine, aber vernachlässigbare, Unterschiede bei der Internetnutzung. Die Möglichkeit der Gewinnung von Informationen war aber ebenfalls von größter Bedeutung (100%). 16,7% der befragten Lehrerinnen und Lehrer nutzen das Internet zudem für Onlinespiele. Geschlechterunterschiede gab es beim Drang zur Unterhaltung (75% Männer, 40% Frauen) sowie bei den sozialen Netzwerken: 50% der Frauen nutzen das Internet, um mit Freunden in Kontakt zu bleiben (12,5% Männer), wobei keine(r) der Befragten online neue Menschen kennenlernen will. 50% der

Lehrer, die eigene Kinder haben, gaben an, diese bei ihren Computeraktivitäten zu überwachen.

Die Begriffe „sexting" oder „Cyber-Grooming" sind hingegen im Gymnasium nicht verbreitet. Keiner der Befragten gab an diesen Begriff zu kennen – im Vergleich zur Realschule (16,7%) ein teils gravierender Wert. Interessanterweise scheint Lehrern die Bedrohung durch sexuelle Belästigung (im Internet) weniger geläufig zu sein. Dies kann verschiedene Ursachen haben und es kann nur gemutmaßt werden, da die erhobenen Daten keinen Schlussfolgerung liefern können. Die mediale Präsenz ist weder bei Cyber-Bullying, noch bei Cyber-Grooming ausgesprochen hoch. Cyber-Grooming wurde lediglich durch Stefanie zu Guttenberg und RTL 2 in den medialen Brennpunkt gerückt, Cyber-Bullying hingegen durch die aufklärenden Werbespots von www.klicksafe.de sowie vereinzelte Nachrichtenbeiträge im Fernsehen. Gravierender hingegen könnte die Begründung der Neuartigkeit sein. Bullying ist für Lehrer kein vollkommen neuartiges Phänomen: lediglich der Ort, die Intensität und mögliche Folgen haben sich geändert. Allerdings kommen Lehrer damit auf dem Schulhof in Berührung. Cyber-Grooming ist hingegen für die Mehrzahl der Lehrer ein neues Phänomen, da sexuell motivierte Täter wohl kaum auf die Idee kommen würden, ihren Opfern direkt vor der Schule oder sogar auf dem Schulgelände aufzulauern. Daher ist es von immenser Bedeutung, neben dem Cyber-Bullying auch ein Bewusstsein für die Gefahren von Cyber-Grooming zu schaffen.

Überraschend war der prozentuale Anteil der Lehrer, die von Fremden angeschrieben wurden. 62,5% der Männer und nur 10% der Frauen gaben an, von Fremden im Internet kontaktiert worden zu sein. Keine Lehrkraft fand dies angenehm, allerdings war die Kontaktaufnahme nicht sexuell motiviert. Somit lässt sich nur mutmaßen, ob die Erfahrung der sexuellen Kontaktanfrage im Internet zu einem erhöhten Bewusstsein der Gefahr von Cyber-Grooming führen würde. Dies lässt sich anhand der Daten nicht beweisen. Ebenfalls kann nur gemutmaßt werden, ob dies, im Vergleich zu den Schülern (siehe weiter unten), am höheren Alter der Umfrageteilnehmer liegt, dass es zu keinen Kontaktanfragen mit sexuellem Hintergrund kam oder die Lehrer aufgrund des höheren Bildungsgrades über die nötige Erfahrung verfügen, um solchen Anfragen präventiv aus dem Weg zu gehen.

Interessanterweise wurden auch im gymnasialen Kollegium 5,6% der Lehrerinnen und Lehrer Opfer von Cyber-Bullying. Auch hier wurde der Täter erkannt und es wurden, mit Hilfe der Schulleitung disziplinarische und vor allem auch pädagogische Maßnahmen getroffen: Der Täter wurde bestraft, aber er wurde nicht alleine gelassen.

Die Frage nach Internetseiten auf denen Lehrer bewertet werden, wurde im Gymnasium differenzierter aufgenommen. Zwar ist der Großteil der Lehrerschaft gegen solche Seiten und empfindet es teilweise als „Frechheit", allerdings werden solche Seiten als teilweise legitim angesehen – wenn auch für überflüssig gehalten. Solche Seiten sind nämlich nicht transparent, nicht aussagekräftig und zudem sind alle Altersstufen gemischt. Die Lehrerinnen und Lehrer bemängelten die fehlende Sachlichkeit sowie die fehlenden Bewertungsstandards. Es ist wenig gerecht und artet schnell in Lästerei und Schikane aus. Eine rein sachliche Bewertung wäre für viele Lehrer „grundsätzlich okay", aber es sollten die Bewertungskriterien abgebildet sein. Zudem ist es annehmbar, wenn Schüler mal „Dampf ablassen". Für das befragte Kollegium war es wichtig, dass die Medienerziehung der Schüler in den Mittelpunkt gerückt wird.

4.3 Auswertung der Schüler

Bei der statistischen Erhebung nahmen 292 Schüler teil, davon 75 Schülerinnen der Mädchenrealschule (Ø 15,19 Jahre, zwei Schülerinnen verzichteten auf eine Altersangabe), 86 Schüler der staatlichen Jungen-und-Mädchen Realschule, davon 33 Mädchen (Ø 14,94) Jahre, zwei ohne Angabe des Alters) und 53 Jungen (Ø 15,19 Jahre, sechs ohne Angabe des Alters) und 131 Schüler des Gymnasiums, davon 49 Mädchen (Ø 15,0 Jahre, fünf ohne Angabe des Alters) und 82 Jungen (Ø 15,06, acht Fragebögen ohne Angabe des Alters).

Zuerst werden die Ergebnisse zusammengefasst. Anschließend folgt eine tabellarische Auflistung der einzelnen Unterpunkte, die von den Schülern dementsprechend ausgefüllt wurden. Die Einzelaussagen wurden im Fragebogen in drei Abschnitte unterteilt: Cyber-Bullying als Täter mit einer möglichen Begründung für die Taten, Cyber-Bullying in der Rolle des Opfers mit möglichen Auswirkungen der Taten. Anschließend folgt eine Auflistung der handschriftlichen Erzeugnisse der Schülerinnen und Schüler. Es ist anzumerken, dass nicht ein Spiegelstrich für eine Schülerin steht, sondern die Ergebnisse zusammengefasst wurden. Zudem wurden die Anmerkungen der Schüler der jeweiligen Schulart in einem Unterpunkt zusammengefasst, da es keine signifikanten Unterschiede gab und es somit wenig Sinn macht, diese getrennt aufzulisten. So gab es zwischen den Geschlechtern, zumindest in den handschriftlichen Aufzeichnungen – in der tabellarischen Form stellt sich das Bild etwas differenzierter dar – beispielsweise keine Unterschiede in der Art des Cyber-Bullying (direkt/indirekt).

4.3.1 Auswertung der Schülerinnen an der Mädchenrealschule

Alle Schülerinnen besitzen einen Computer sowie fast alle einen Internetanschluss (98,7%) und eine eigene E-Mail-Adresse (98,7%). Dabei befindet sich der Computer mehrheitlich (58,7%) im eigenen Zimmer. Trotz der hohen Deckung haben lediglich 26,7% der Familien Regeln im Umgang mit dem Computer und sogar ein geringfügig geringerer Prozentsatz (25,3%) hat Regeln für den Umgang mit Internetseiten. Diese werden zudem nicht konsequent durchgesetzt: lediglich 6,7% der Schülerinnen wurden bestraft, als sie gegen die Regeln verstoßen haben. Dadurch kann gesagt werden, dass die Regeln nicht ernst genommen werden, da nur eine konsequente Durchsetzung der aufgestellten Regeln zu Akzeptanz führen kann. Ebenfalls sorgt die Schule für nur geringfügige Aufklärung. Zugleich werden nur 6,7% der Schülerinnen bei der Computernutzung überwacht. Obwohl nur wenige Familien Regeln aufstellen, wird über die Gefahren, die im Internet auftreten können, gesprochen. 92% der Schülerinnen bejahten diese Frage. Ebenfalls wird über die möglichen Gefahren von hochgeladenen, privaten Bildern geredet. 88% gaben an über mögliche Folgen aufgeklärt worden zu sein. Ein Drittel der Schülerschaft bejaht die Frage nach der medialen Aufklärung durch die Schule. Soziale Netzwerke werden ebenfalls sehr häufig genutzt. 50,7% der Schülerinnen gaben an das soziale Netzwerke SchülerVZ zu benutzen, 84% sind bei Facebook angemeldet und 80% nutzen zusätzlich Instant Messenger, wie ICQ oder den MSN Messenger. Dabei ist anzumerken, dass sich die Schüler bei verschiedenen sozialen Netzwerken parallel anmelden, das heißt die Schüler besitzen mehrheitlich ein Profil bei SchülerVZ und Facebook und nutzen zugleich die Instant Messenger. Andere Formen des sozialen Kontaktes sind selten. Lediglich drei Schülerinnen nutzen MySpace, 8% nutzen Skype, eine Schülerin gab an, dass sie den funchat nutzt, 4% sind bei Kwick angemeldet, fünf Schülerinnen bei Partyfans, eine Schülerin gab an schüler.cc zu nutzen und fünf Schülerinnen haben ein Profil auf dem sozialen Netzwerk Wer-kennt-Wen.

Die Jugendlichen nutzen das Internet zudem mehrheitlich dazu, Kontakt mit ihren Freunden zu halten (88%), während 29,3% angaben Onlinespiele zu spielen und 33,2% nutzen die Möglichkeiten der neuen Technologien um neue Menschen kennenzulernen. Somit ist festzustellen, dass sich ein großer Teil der nachmittäglichen Freizeitgestaltung auf die digitalen Medien verlagert hat. Der Kontakt mit den Freunden wird nicht vernachlässigt, nur die Art und Weise hat sich gewandelt. Selten wird mit den Lehrern online kommuniziert. Lediglich fünf Schülerinnen gaben an dies zu tun, wobei trotzdem angemerkt werden sollte, dass sich die Schüler-Lehrer-Kommunikation vereinfacht und verändert hat. Früher wäre es wohl undenkbar gewesen, dass sich die Lehrer mit ihren Schülern – ohne erkennbare pädagogische Begründung (zum Beispiel zur Klärung eines Mobbing-Vorfalls oder ähnliches) – per Telefon mit ihnen unterhalten. Die Informationsfülle des Internets ist aber ebenfalls für einen Großteil der Schülerinnen von Bedeutung (85,3%). Zudem lassen sich 54% online unterhalten.

Die Gefahren des „sexting“ und „Cyber-Grooming“ sind nur etwa einem Drittel (37,3%) der Schülerinnen bekannt. Dabei wurden mehr als die Hälfte der Jugendlichen (60%) von Fremden im Internet angeschrieben und mit einem recht hohen Prozentsatz von 22,7% hatten diese Kontaktanfragen einen sexuellen Hintergrund. Die überwiegende Mehrheit (78,7%) fand dies verständlicherweise nicht angenehm. Mehr als die Hälfte (58,6%) der Schülerinnen ist zudem besorgt, dass ihre privaten Bilder im Internet verfälscht und vervielfältigt werden könnten.

Der Begriff „Cyber-Bullying“ ist der Mehrheit der Schülerschaft allerdings nicht bekannt. Lediglich 25,3% gaben an, diesen zu kennen. Dies ist trotzdem ein relativ hoher Wert, da 93,3% der Schülerinnen angaben, dass dieses Thema durch die Schule nicht behandelt wurde. 14,7% der Schülerinnen gaben zudem an, dass sie bereits ein Opfer von Cyber-Bullying waren und 10,7% gaben an, bereits in der Täterrolle gewesen zu sein. Dabei waren 5,3% zugleich Täter und Opfer. Die Schülerinnen suchten sich dabei überwiegend (9,3%) Freunde als Opferaus , dicht gefolgt von Fremden im Internet (8%) und Mitschülern (4%). Lehrer werden selten (2,7%) als Opfer gewählt.

n=75, Angaben in %

	Nie	Selten	Öfters	Häufig
Ich habe bereits eine Person belästigt.	58,7	30,7	6,7	1,3
Ich habe bereits eine Person bloßgestellt.	84	10,7	4	0
Ich habe bereits den Ruf einer Person geschädigt.	85,3	9,3	4	0
Ich habe bereits eine Person im Internet bedroht.	89,3	5,3	4	0
Ich habe bereits eine Person gedemütigt.	92	5,3	1,3	0
Ich habe alleine gemobbt.	88	8	0	1,3
Ich habe eine Person mit meinen Freunden gemobbt.	76	18,7	4	1,3
Ich erzähle anderen von meinen Mobbing-Aktivitäten.	86,7	8	2,7	0
Ich habe jemanden gemobbt, weil ich mich über diese Person geärgert habe.	62,7	22,7	9,3	2,7
Ich habe jemanden gemobbt, um eine andere Person zu beschützen.	65,3	21,3	10,7	1,3
Ich habe jemanden gemobbt, um Rache zu nehmen.	69,3	16	8	2,7
Ich habe jemanden gemobbt, um ihm zu schaden.	81,3	10,7	5,3	0
Ich wurde bereits belästigt.	64	25,3	4	2,7
Ich wurde bereits bloßgestellt.	80	14,7	0	2,7
Mein Ruf wurde im Internet geschädigt.	88	5,3	1,3	2,7
Ich wurde bereits gedemütigt.	88	8	4	0
Ich wurde bereits bedroht.	85,3	9,3	4	1,3

	Nie	Selten	Öfters	Häufig
Ich bin stolz auf meine Mobbing-Aktivitäten.	92	5,3	0	0
Es war mir nicht bewusst, welchen Schaden ich der anderen Person damit zufüge.	73,3	12	9,3	0
Ich denke, dass ich beim Mobbing nicht entdeckt werden kann.	89,3	9,3	4	0

4.3.2 *Auswertung der Schülerinnen und Schüler an der staatlichen Realschule*

Nun folgt die Auswertung der Realschule, getrennt nach den beiden jeweils befragten Schulmodellen.

4.3.2.1 *Auswertung der Schülerinnen an der staatlichen Realschule*

Alle Schülerinnen der Realschule besitzen einen Computer mit Internetanschluss und eine eigene E-Mail-Adresse, wobei sich der Computer bei 29% der Mädchen in ihrem eigenen Zimmer befindet. Eine überwältigende Mehrheit von 94,4% hat zwar keine Regeln im Umgang mit dem Computer, allerdings haben nur 61,1% fehlende Regeln im Umgang mit Internetseiten. Diese Regeln wurden aber ebenfalls nicht bestraft, falls gegen diese verstoßen wurde. Lediglich eine Schülerin berichtet von einer Bestrafung. Ebenfalls haben die Eltern der Schülerinnen ein Bewusstsein für die Gefahren des Internets. Alle Schülerinnen besprachen diese Gefahren bereits mit ihren Eltern. Auch die Schule nimmt einen großen Einfluss auf diese Gefahren. 88,8% der Schülerinnen bejahten die Frage, ob die Schule sie über die digitalen Gefahren aufgeklärt hat. Den Schülerinnen wird ein großes Maß an Vertrauen geschenkt, da keine von ihnen von den Eltern bei der Computernutzung überwacht wird.

Facebook und ICQ sind die beliebtesten Mittler für den sozialen Kontakt im Internet. Jeweils 94,4% nutzen diese. SchülerVZ ist hingegen nur bei 44,4% der Schülerinnen beliebt. Andere Netzwerke sind nicht von Bedeutung und eine Schülerin nutzt Skype. Die Internetnutzung tendiert ebenfalls zu den sozialen Netzwerken. 100% der Schülerinnen nutzen diese um Kontakt mit ihren Freunden zu halten und lediglich 11,1% wollen auf diesen neue Freunde kennenlernen, während 16,7% online spielen und sich 94,4% im Internet informieren. Der Kontakt mit den Lehrkräften findet faktisch nicht statt (0%).

Der Begriff des „Cyber-Grooming“ ist mehr als der Hälfte (66,7%) der Schülerinnen bekannt. Dies kann damit zusammenhängen, dass fast alle (94,4%) von Fremden im Internet angeschrieben wurden und dies nur drei als angenehm empfanden. Bei 5,6% hatte diese Kontaktaufnahme auch einen sexuellen Hintergrund. Die ausgezeichnete Aufklärung findet auch bei den privaten Fotos statt. 94,4% wurden über mögliche Gefahren aufgeklärt. Daher lässt es sich vielleicht erklären, dass über die Hälfte (55,6%) Angst haben, dass ihre Bilder verfälscht werden, wobei davon auszugehen ist, dass sie angemessen mit dieser Gefahr umgehen.

Auch der Begriff Cyber-Bullying ist bei mehr als der Hälfte (55,6%) der Schülerinnen bekannt, wobei das Thema nur bei 33,3% im Klassenverband behandelt wurde. 11,1% der Schülerinnen bezeichneten sich als Opfer, beziehungsweise Täter. Davon bezeichnete sich eine Schülerin als Täter und Opfer. Dabei wurden Mitschüler (11,1%) und Fremde (5,6%) aus dem Internet gemobbt.

n = 33, Angaben in %

	Nie	Selten	Öfters	Häufig
Ich habe bereits eine Person belästigt.	55,6	44,4	0	0
Ich habe bereits eine Person bloßgestellt.	88,9	11,1	0	0
Ich habe bereits den Ruf einer Person geschädigt.	94,4	0	0	5,6
Ich habe bereits eine Person im Internet bedroht.	100	0	0	0
Ich habe bereits eine Person gedemütigt.	94,4	5,6	0	0
Ich habe alleine gemobbt.	83,3	16,7	0	0
Ich habe eine Person mit meinen Freunden gemobbt.	77,8	16,7	5,6	0
Ich erzähle anderen von meinen Mobbing-Aktivitäten.	88,9	5,6	0	5,6
Ich habe jemanden gemobbt, weil ich mich über diese Person geärgert habe.	44,4	44,4	0	11,1
Ich habe jemanden gemobbt, um eine andere Person zu beschützen.	61,1	27,8	0	11,1
Ich habe jemanden gemobbt, um Rache zu nehmen.	61,1	33,3	5,6	0
Ich habe jemanden gemobbt, um ihm zu schaden.	94,4	5,6	0	0
Ich wurde bereits belästigt.	66,7	22,2	11,1	0
Ich wurde bereits bloßgestellt.	66,7	27,8	5,6	0
Mein Ruf wurde im Internet geschädigt.	83,3	16,7	0	0
Ich wurde bereits gedemütigt.	77,8	22,2	0	0
Ich wurde bereits bedroht.	100	0	0	0
Ich bin stolz auf meine Mobbing-Aktivitäten.	100	0	0	0
Es war mir nicht bewusst, welchen Schaden ich der anderen Person damit zufüge.	77,8	2	2	0
Ich denke, dass ich beim Mobbing nicht entdeckt werden kann.	88,9	0	0	5,6

4.3.2.2 *Auswertung der Schüler an der staatlichen Realschule*

Wie bei den Mädchen besitzen auch alle Jungen einen Computer mit Internetanschluss und eine eigene E-Mail-Adresse. Obwohl es bei immerhin 42,1% der Jugendlichen Regeln im Umgang mit dem Computer gibt, gibt es diese nur bei 5,3%, wenn es um das Internet geht. Dies ist der geringste Wert im Laufe der statistischen Erhebung. Ebenfalls wird die Bestrafung nur geringfügig umgesetzt (15,8%). Über die Gefahren des Internets wird – trotz der geringen Regeldichte – trotzdem geredet, zumindest bei 71,1% der befragten Jugendlichen. Auch bei den Jungen arbeitet die Schule präventiv. 76,3% der befragten Schüler gaben an, dass sie durch die Schule aufgeklärt wurden. Auch hier wird ihnen ein großes Maß an Vertrauen geschenkt. Lediglich 7,9% werden von den Eltern überwacht.

Facebook ist bei den Realschülern scheinbar viel beliebter als bei den Schülern der Mädchenrealschule. 92,1% nutzen dieses soziale Netzwerk, 42,1% haben ein Profil bei SchülerVZ und 68,4% nutzen ICQ. Es ist aber eine größere Vielfalt an weiteren Netzwerken festzustellen: jeweils ein Schüler nutzt Chatroulette, Kwick, MySpace, eDarling, Partyfans, Wer-kennt-Wen, Twitter sowie die Onlinespiele-Plattform Steam und 21,1% nutzen das Programm Skype. Im Mittelpunkt der Internetnutzung stehen ebenfalls überwiegend die sozialen Netzwerke, um mit den Freunden in Kontakt zu bleiben (97,4%) und zu einem geringeren Prozentsatz um neue Menschen kennenzulernen (36,8%), aber vermehrt auch Onlinespiele (60,5%). Der Aspekt der Online-Unterhaltung ist bei den Jungen erheblich größer (92,1%) als bei den Mädchen. Der Informationsgewinn ist ebenfalls von größter Bedeutung (92,1%). Die Möglichkeit des Kontaktes zu den Lehrern wird von 7,9% der Schüler genutzt.

Die Gefahr des Cyber-Grooming ist einem Drittel (31,6%) der männlichen Schülerschaft bekannt, wobei 65,8% der Schüler bereits von fremden Leuten angeschrieben wurden. Obwohl der Wert höher ist als vom Verfasser erwartet, ist es nicht verwunderlich, dass dies, verglichen mit den Mädchen, mehr Jungen als angenehm empfanden (36,8%), da davon auszugehen ist, dass sie überwiegend vom anderen Geschlecht angeschrieben wurden und Jungen dies oft – anders als bei den Mädchen – nicht als Belästigung empfinden. Noch überraschender war ein Prozentwert von 10,5% bei der Frage, ob diese Anfragen einen sexuellen Hintergrund hatten. Es kann im Nachhinein nicht nachvollzogen werden, ob diese Anfragen von Männern oder Frauen kamen, genauso wenig welches Alter diese Personen hatten. Allerdings existieren in der Literatur sehr wenige statistischen Daten, die sich mit dem Versuch der Kontaktanbahnung bei Jungen beschäftigen. Überwiegend herrscht die Vorstellung, dass es sich bei den Opfern von Cyber-Grooming hauptsächlich um junge Mädchen im Jugendalter handelt – auch die bekannten Fallbeispiele lassen die Öffentlichkeit in dem Glauben. Bei den Jungen herrscht auch ein starkes Bewusstsein über die möglichen Folgen des Hochladens von privaten Bildern. 81,6% wurden über die Folgen aufgeklärt, wobei allerdings nur 23,7% Angst davor haben, dass ihre Bilder verfälscht werden.

Der Begriff Cyber-Bullying ist 55,3% der Schüler bekannt und wurde bei 44,7% auch im Unterricht behandelt. Dies macht wiederum deutlich, dass der Begriff und somit auch das Phänomen, auch ohne die Durchführung einer Schulstunde im Klassenverbund, geläufig ist. Bei der statistischen Erhebung bezeichneten sich 15,8% als Opfer und 13,2% als Täter. Diese Zahlen beinhalten bereits die Schüler, die sich als Täter und Opfer bezeichnen, nämlich 7,9%. Die Schüler gaben dabei an, dass sie zu 2,6% Lehrer gemobbt haben, zu 5,3% Mitschüler und Freunde waren zu 7,9% die Opfer der Attacken. Fremde aus dem Internet waren dabei die Spitzenreiter mit 10,5%. Zum hohen Wert der „Fremden“ ist anzumerken, dass Jungen dazu neigen andere Spieler bei Onlinespielen zu mobben. Dadurch ist dieser Spitzenreiter-Wert zu erklären. Dies geht aus den handschriftlichen Aufzeichnungen der Schüler hervor.

n = 53, Angaben in %

	Nie	Selten	Öfters	Häufig
Ich habe bereits eine Person belästigt .	26,3	55,3	13,2	2,6
Ich habe bereits eine Person bloßgestellt.	84,2	13,2	0	0
Ich habe bereits den Ruf einer Person geschädigt.	86,8	10,5	0	0
Ich habe bereits eine Person im Internet bedroht.	73,7	18,4	5,3	0
Ich habe bereits eine Person gedemütigt.	89,5	7,9	0	0
Ich habe alleine gemobbt.	71,1	23,7	0	0
Ich habe eine Person mit meinen Freunden gemobbt.	73,7	18,4	2,6	2,6
Ich erzähle anderen von meinen Mobbing-Aktivitäten.	86,8	2,6	5,3	0
Ich habe jemanden gemobbt, weil ich mich über diese Person geärgert habe.	65,8	18,4	7,9	2,6
Ich habe jemanden gemobbt, um eine andere Person zu beschützen.	63,2	21,1	13,2	0
Ich habe jemanden gemobbt, um Rache zu nehmen.	76,3	13,2	7,9	0
Ich habe jemanden gemobbt, um ihm zu schaden.	73,7	21,1	2,6	0
Ich wurde bereits belästigt.	55,3	28,9	7,9	2,6
Ich wurde bereits bloßgestellt.	86,8	5,3	2,6	0
Mein Ruf wurde im Internet geschädigt.	89,5	5,3	2,6	0
Ich wurde bereits gedemütigt.	86,8	7,9	0	0

	Nie	Selten	Öfters	Häufig
Ich wurde bereits bedroht.	81,6	7,9	2,6	2,6
Ich bin stolz auf meine Mobbing-Aktivitäten.	84,2	7,9	0	2,6
Es war mir nicht bewusst, welchen Schaden ich der anderen Person damit zufüge.	76,3	2,6	10,5	5,3
Ich denke, dass ich beim Mobbing nicht entdeckt werden kann.	81,6	0	7,9	5,3

4.3.3 Auswertung der Schülerinnen und Schüler am Gymnasium

Zuletzt kommt es noch zu einer Auswertung des Gymnasiums.

4.3.3.1 Auswertung der Schülerinnen am Gymnasium

Die jugendlichen Mädchen, die das Gymnasium besuchen, besitzen auch in 100% der Fälle einen eigenen Computer, wobei 98% an das Internet angeschlossen sind und eine eigene E-Mail-Adresse wurde in 95,9% der Fälle bejaht. Der Computer befindet sich dabei mehrheitlich (65,3%) im eigenen Zimmer. Regeln im Umgang mit Computern (42,9%) und Internetseiten (24,5%) sind bei Mädchen, die das Gymnasium besuchen, verbreiteter als an der Realschule. Aber auch hier werden diese nur selten durchgesetzt und zwar in 14,3% der Fälle. Ebenfalls werden auch hier große Freiheiten gewährt und die Jugendlichen werden nicht überwacht bei der Internetnutzung; dies geschieht nur bei 6,1%. Ebenfalls ist festzustellen, dass, obwohl keine Regeln herrschen, bei 91,8% der Jugendlichen Gespräche mit den Eltern über die Gefahren des Internets stattfinden. Dies lässt wiederum darauf deuten, dass die Eltern es nicht für nötig halten feste Regeln aufzustellen, sondern sich darauf verlassen, dass es reicht, wenn sie mit ihren Kindern über diese Phänomene sprechen. Dieser Trend ist deutlich festzustellen. Die Schule steuert ihren Beitrag zur Problembekämpfung und -prävention bei, indem sie in 53,1% der Fälle mit diskutiert.

Auch im Gymnasium sind soziale Netzwerke alltäglich. 71,4% der Schülerinnen nutzen Facebook, 63,3% SchülerVZ und erstmals liegt ICQ ganz vorne in der Gunst der Nutzer mit 73,5%. Die Nutzung der restlichen Netzwerke ist wiederum zu vernachlässigen. Partyfans, knuddels und zwei weitere Chat-Portale, MySpace, Partyfans sowie diverse Flirtportale werden jeweils von 2% der Schülerinnen genutzt, Skype von 10,2% und Kwick von 4,1%. Das Internet, auch dieser Trend ist deutlich erkennbar, wird hauptsächlich dazu genutzt, um sich zu informieren (89,8%) oder um Kontakt mit den Freunden zu halten (87,8%). Neue Bekanntschaften werden seltener gesucht (24,4%) und auch Onlinespiele werden von den Mädchen seltener gespielt (22,4%). Das Internet als großes Unterhaltungsportal wird hingegen von 75,5% genutzt. Die Kommunikation mit den Lehrern über die sozialen Netzwerke ist im Gymnasium noch häufiger verbreitet. 12,2% der Schülerinnen gaben an, mit ihren Lehrern Kontakt zu halten.

Bei der Frage nach dem Bekanntheitsgrad von Cyber-Grooming ist zwar kein Trend zu erkennen, allerdings kennt fast die Hälfte (40,8%) der Mädchen diesen Begriff. Mehr als drei Viertel (79,6%) der Schülerinnen wurde bereits von Fremden angeschrieben und auch hier fand diese Praxis wenig Anklang (28,6%). Der Anteil an sexuellen Anfragen betrug 12,2%. Über mögliche Folgen des Hochladens von privaten Bildern wurden überwältigende 95,9% aufgeklärt. Dies ist ein erfreulicher Trend: Das Problembewusstsein unpassender oder gefälschter Bilder und damit verbundener Folgen für die berufliche und private Zukunft scheint in der Gesellschaft angekommen zu sein. Über die Hälfte (55,1%) sorgt sich um den Missbrauch mit ihren Bildern.

Der Begriff des Cyber-Bullying ist bei 61,2% der Schülerinnen bekannt. Es ist somit festzustellen, dass der Begriff geläufiger ist, wenn Jungen und Mädchen die gleiche Schule besuchen. Aber es ist nicht Schulart-abhängig, sondern Lehrer-abhängig, ob das relativ neue Phänomen an Schulen behandelt wird – oder nicht. Auch am Gymnasium gaben 75,5% der Mädchen an, dass dieser Begriff nicht im Schulunterricht behandelt wurde. Andererseits ist es erfreulich, dass sich bereits ein Viertel der Schülerinnen mit den Lehrern über dieses Problem verständigt haben. 4,1% der Schülerinnen bezeichneten sich als Opfer, 6,1% als Täter und davon 4,1% als Opfer und als Täter. Die Prozentwerte sind somit geringer als in der Realschule. Die Täter erwähnten dabei, dass sie drei Mal Mitschüler online mobbten, ein Mal einen Freund und ein Mal einen Fremden im Internet.

n = 49, Angaben in %

	Nie	Selten	Öfters	Häufig
Ich habe bereits eine Person belästigt .	75,5	20,4	4,1	0
Ich habe bereits eine Person bloßgestellt.	87,8	10,2	2	0
Ich habe bereits den Ruf einer Person geschädigt.	98	2	0	0
Ich habe bereits eine Person im Internet bedroht.	100	0	0	0
Ich habe bereits eine Person gedemütigt.	93,9	6,1	0	0
Ich habe alleine gemobbt.	87,8	12,2	0	0
Ich habe eine Person mit meinen Freunden gemobbt.	83,7	14,3	2	0
Ich erzähle anderen von meinen Mobbing-Aktivitäten.	95,9	2	0	0

	Nie	Selten	Öfters	Häufig
Ich habe jemanden gemobbt, weil ich mich über diese Person geärgert habe.	79,6	18,4	2	0
Ich habe jemanden gemobbt, um eine andere Person zu beschützen.	69,4	22,4	6,1	2
Ich habe jemanden gemobbt, um Rache zu nehmen.	81,6	18,4	2	0
Ich habe jemanden gemobbt, um ihm zu schaden.	95,9	0	2	0
Ich wurde bereits belästigt.	77,6	18,4	4,1	0
Ich wurde bereits bloßgestellt.	87,8	10,2	2	0
Mein Ruf wurde im Internet geschädigt.	93,9	6,1	0	0
Ich wurde bereits gedemütigt.	93,9	6,1	0	0
Ich wurde bereits bedroht.	93,9	6,1	0	0
Ich bin stolz auf meine Mobbing-Aktivitäten.	100	0	0	0
Es war mir nicht bewusst, welchen Schaden ich der anderen Person damit zufüge.	91,8	6,1	0	2
Ich denke, dass ich beim Mobbing nicht entdeckt werden kann.	93,9	4,1	2	0

4.3.3.2 Auswertung der Schüler am Gymnasium

Abschließend wird noch der Datensatz der Jungen im Gymnasium dargelegt. Die Jugendlichen besitzen zu 100% einen Computer mit Internetanschluss und eine eigene E-Mail-Adresse. Der Computer befindet sich in den meisten Fällen (73,2%) im eigenen Zimmer. Es ist somit ein Trend festzustellen, dass die befragten Jugendlichen überwiegend über einen Computer verfügen, der von den Eltern nicht ständig eingesehen werden kann. Auch im Gymnasium werden sie nicht von den Eltern kontrolliert (91,5%). Bei den Jungen herrschen noch seltener Regeln im Umgang mit dem Computer (15,9%) sowie mit Internetseiten (25,6%). Allerdings wird auch im Elternhaus der Gymnasiasten über die Gefahren des Internets (72%) sowie die Gefahren von privaten Bildern bei sozialen Netzwerken (80,5%) diskutiert. Allerdings gaben nur 48,8% der Jungen an, dass die Schule sie über solche Gefahren aufgeklärt hat.

Bei den Jungen steht bei den sozialen Netzwerken Facebook (90,2%) hoch im Kurs, gefolgt vom Instant Messenger ICQ (80,5%). SchülerVZ rangiert abgeschlagen mit 40,2% auf dem dritten Platz. Die Schüler gaben zudem an, dass sie häufig Skype nutzen (23,2%). Ebenfalls angegeben wurden die Spiele-Plattformen xfire (1,2%) und Steam (2,4%) sowie Wer-kennt-Wen, Lokalisten (jeweils 1,2%) und Partyfans (2,4%) sowie Knuddels (3,1%), MySpace (4,9%) und diverse Flirtseiten (3,7%). Die Jugendlichen nutzen das

Internet häufiger für Online-Spiele (50%), um sich zu informieren (86,6%) und zur Unterhaltung (86,6%). Die sozialen Netzwerke hingegen werden dazu benutzt, um Kontakte mit Freunden zu halten (87,8%) und seltener um neue Leute kennenzulernen (25,6%). Zugleich nutzen sie die sozialen Netzwerke häufiger, um sich mit ihren Lehrern zu unterhalten (12,2%).

Der Begriff Cyber-Grooming ist lediglich bei 34,1% der Schüler bekannt. 65,9% der Jungen gaben an, dass sie bereits von Fremden angeschrieben wurden, wobei 7,3% einen sexuellen Hintergrund hatten. Dabei empfanden 18,3% der Jugendlichen die generellen Anfragen als angenehm. Die Angst, dass mit ihren privaten Bildern online Unsinn betrieben wird, bejahten 39% der Schüler.

Den Terminus des Cyber-Bullying kannten immerhin fast drei Viertel (69,5%) der Jungen. Fast die Hälfte (42,7%) gab an, diesen Begriff im Unterricht behandelt zu haben. Der Wert ist bei den Jungen erneut höher. Es kann wiederum nur spekuliert werden, woran dies liegt. Es ist anzunehmen, dass die Geschlechter annähernd gleich auf die Klassen verteilt sind. Somit liegt es nahe, dass dies beispielsweise in einer Informatik-AG oder ähnliches behandelt wurde, da diese überwiegend von Jungen besucht werden. Darüber kann zwar nur spekuliert werden, allerdings bietet sich keine augenscheinliche Erklärung an. Es ist allerdings hervorzuheben, dass es von großer Bedeutung ist, dass alle Schüler über die Gefahren und möglichen Folgen von Cyber-Bullying aufgeklärt werden. Zuletzt bezeichneten sich 4,9% der Jungen im Gymnasium als Opfer, und 1,2% als Opfer und Täter. Eine vergleichsweise große Zahl von 19,5%, nahezu ein Fünftel, ordnete sich der Täter-Gruppe zu.

n = 82, Angaben in %

	Nie	Selten	Öfters	Häufig
Ich habe bereits eine Person belästigt .	42,7	45,1	3,7	6,1
Ich habe bereits eine Person bloßgestellt.	70,7	23,2	3,7	0
Ich habe bereits den Ruf einer Person geschädigt.	85,7	8,5	1,2	0
Ich habe bereits eine Person im Internet bedroht.	82,1	12,2	1,2	0
Ich habe bereits eine Person gedemütigt.	85,7	7,3	2,4	0
Ich habe alleine gemobbt.	76,8	15,9	4,9	0
Ich habe eine Person mit meinen Freunden gemobbt.	64,6	18,3	11	3,7
Ich erzähle anderen von meinen Mobbing-Aktivitäten.	78,1	11	4,9	3,7
Ich habe jemanden gemobbt, weil ich mich über diese Person geärgert habe.	62,2	20,7	12,2	3,7
Ich habe jemanden gemobbt, um eine andere Person zu beschützen.	57,3	30,5	6,1	4,9

	Nie	Selten	Öfters	Häufig
Ich habe jemanden gemobbt, um Rache zu nehmen.	64,6	17,1	13,4	2,4
Ich habe jemanden gemobbt, um ihm zu schaden.	82,1	6,1	7,3	1,2
Ich wurde bereits belästigt.	58,5	30,5	7,3	0
Ich wurde bereits bloßgestellt.	82,9	20,7	0	0
Mein Ruf wurde im Internet geschädigt.	85,7	9,8	3,7	1,2
Ich wurde bereits gedemütigt.	81,7	9,8	3,7	1,2
Ich wurde bereits bedroht.	76,8	12,2	2,4	4,9
Ich bin stolz auf meine Mobbing-Aktivitäten.	85,4	6,1	1,2	4,9
Es war mir nicht bewusst, welchen Schaden ich der anderen Person damit zufüge.	73,2	12,2	4,9	4,9
Ich denke, dass ich beim Mobbing nicht entdeckt werden kann.	80,5	9,8	2,4	2,4

4.4 *Übersicht über die schulartübergreifenden Kommentare der Schülerinnen und Schüler*

Die Kommentare wurden zwar zusammengefasst, entsprechen aber dem Wortlaut der Schüler.

4.4.1 *Die Cyber-Bullying-Aktivitäten der Schülerinnen und Schüler in der Rolle des Täters*

- „Ich wurde zur Täterin, weil ich gemobbt wurde. Dann habe ich dies selber gemacht und wir haben uns gegenseitig gemobbt. Dabei war ich alleine und die anderen waren mindestens zu dritt".
- „Ich habe eine beleidigende Nachricht und Drohungen verschickt oder jemanden gemobbt, wenn er/sie genervt hat oder um Leute zu nerven und zu veräppeln. Kleine Hänseleien gehören dazu".
- „Es handelte sich um Streitgespräche mit öffentlichen Beleidigungen oder Meinungsäußerungen über private Nachrichten".
- „Ich habe bei SchülerVZ eine Gruppe gegen eine Lehrerin gegründet".
- „Ich habe über das Internet Bilder aus Facebook ausgedruckt, diese bearbeitet und dann mit einer Handynummer als Kontaktanzeige in der Schule verteilt".
- „Ich wurde beim Zocken belästigt und habe die Person dann beschimpft, bis er den Chat verließ".
- „Ich habe Schlechtes und Unwahres verbreitet".

- „Ich habe unschöne Wahrheiten/Feststellungen gemacht und in Online-Spielen Spieler, die Anfänger waren, auf ihre Anfänger-Spielweise aufmerksam gemacht".
- „Ich habe einem Mädchen gesagt, dass sie hässlich ist".
- „Ich habe einer Person meine Meinung gesagt und wurde als Antwort beschimpft. Danach habe ich sie fertig gemacht".

Es ist anzumerken, dass fast alle Cyber-Bullying-Aktivitäten vertreten sind, wobei Beleidigungen die Mehrzahl der Nennungen beinhaltete. Bei Gesprächen mit Lehrkräften wurden zwei weitere Vorfälle genannt. Einerseits wurde erwähnt, dass sich gewöhnliche Vorfälle durch das Internet aufbauschen. So habe ein Mädchen ein anderes Mädchen beleidigt. Dies uferte durch Kommentare im Internet aus und endete in einer Rangelei auf dem Schulhof zwischen jugendlichen Familienmitgliedern jener Mädchen.

Ein anderer Vorfall scheint hingegen öfters vorzukommen und zwar das unerlaubte und unerwünschte Fotografieren anderer nach dem Sportunterricht oder auch im Schullandheim. Besagter Lehrer führte weiter aus, dass diese Vorgehen sofort unterbunden werden, sobald sie auftreten. Zu Besuchen des Schullandheims sind Handys mit Foto- und Videofunktion prinzipiell erlaubt. Es wird Vertrauen im Voraus geschenkt; allerdings werden diese Handys sofort eingezogen, falls solch eine Praxis stattfindet. Pädagogisch wertvoll, aber es kann zu spät sein, falls diffamierende Aufnahmen verbreitet werden.

4.4.2 Die Cyber-Bullying-Aktivitäten der Schülerinnen und Schüler in der Rolle des Opfers

- „Da die Namen – es waren Mitschüler – dabei standen, meldete ich die Person dem Lehrer und der Mutter".
- „Ich habe die Personen angesprochen, sie anschließend gemeldet und gelöscht, die Freundschaft gekündigt und die Person sperren lassen".
- „Ich habe nichts unternommen und die Nachrichten ignoriert".
- „Ich habe herausgefunden, wer der Täter war und habe Hilfe geholt; meine Freunde benachrichtigt, gesagt wer diese Person war, um diese zu suchen und zu eliminieren".
- „Ich habe herum gefragt, wer diese Sachen ins Internet gestellt hat und diese Person anschließend geblockt".
- „Die Angriffe waren so schlimm, dass die Polizei eingeschaltet werden musste".
- „Mein Account wurde gehackt und es wurden anonym anstößige Inhalte versendet. Ich musste daher mein Passwort ändern".
- „Ich habe herum gefragt wer es war und anschließend zurück gemobbt".

- „Ich habe PC-technische Schritte in Bezug auf die IP benutzt, um den Täter zu finden“.
- „Ich habe die Community verlassen“.

Hierbei ist anzumerken, dass es sehr auffällig ist, dass die Jugendlichen eine gewisse Affinität für die Technik besitzen und versuchen die Täter aufzuspüren. Zudem fiel auf, dass die Anonymität des World Wide Web gar nicht so anonym scheint. Fast alle Befragten, die diesen Teil des Fragebogens handschriftlich ausfüllten, gaben an, dass sie den Täter aufgespürt haben.

4.4.3 Der Umgang der Schüler mit Internetseiten, die Lehrer benoten

- „Ich finde solche Seiten gut, weil Lehrer auch Schüler bewerten“.
- „Solche Seiten sind nur gut, wenn der Lehrer diese nicht sehen kann“.
- „Die Lehrer können sehen, wie gut und beliebt sie in Wirklichkeit sind, wie sie sich verhalten und wie gut sie bei uns Schülern ankommen“.
- „Solche Seiten sind nicht objektiv und die Bewertung wird einseitig, wenn ein Schüler bewertet, der schlechte Noten bekommen hat und es als Racheakt sieht“.
- „Es ist in Ordnung, wenn die Benotungen ernsthaft, sachlich und begründet sind“.
- „Es ist schlecht, weil Wettbewerb unter den Lehrern entstehen könnte“.
- „Sehr gut! Dort können wir Lehrer dissen – sonst dissen sie uns mit Noten“, oder anders formuliert: „Dann merken sie endlich, dass sie auch eine Art Mobbing betreiben“.
- „Eher schlecht, da sich auch Lehrer anmelden können und Schüler oft aus Affekt bewerten“.
- „Solche Seiten sind sehr unterhaltsam, sollten aber nicht ernst genommen werden“.
- „Die Seiten schaden nur dem Ruf des Lehrers. Sie können dort Opfer werden, nur weil Schüler ihren Frust raus lassen“.
- „Man sollte den Lehrern die Meinung persönlich sagen“.
- „Lehrer werden nicht bloßgestellt, bloß weil man seine eigene Meinung sagt“.
- „Solche Portale sind schlecht, da sie die Meinungen der Leute beeinflussen und sich jeder sein eigenes Bild machen sollte“.

Die Ergebnisse sprechen für sich und müssen nicht gesondert interpretiert werden. Der Vollständigkeit halber sollte erwähnt werden, dass lediglich eine Minderheit von fünf Schülern solche Seiten mit Freude bejahte (vgl. Diss-Kommentar). Es ist sehr erfreulich, dass bei den Jungen und Mädchen ein sehr großes Problembewusstsein für die möglichen Folgen der Diffamierung des Rufes von Lehrern und der Kritik des Affekt-Verhaltens vorherrscht. Viele Kommentare zielen darauf ab, dass es sich lediglich um eine freie Meinungsäußerung handelt.

Meiner Ansicht nach, entsprechen etliche Kommentare dem Wunsch nach einer Feedback-Kultur an Schulen. Schüler wollen ihre Lehrer bewerten, um ihnen aufzuzeigen auf welchen Gebieten sie verbesserungswürdig sind. Dies würde die Unterrichtsqualität steigern. Allerdings besteht die aus Schülersicht verständliche Angst, dass solche Kommentare von den Lehrern negativ ausgelegt werden würden. Dies müsste daher anonym erfolgen. Den Lehrern kann eine gewisse Kompetenz zugesprochen werden, dass sie beleidigende Antworten dezent überlesen können. Es ist nicht wichtig, das Feedback der Schüler zu veröffentlichen. Allerdings kann eine positive Feedback-Kultur sehr wirkungsvoll sein und die Unterrichtsqualität erheblich verbessern. Diese Praxis der Fragebogen-Erhebung am Ende des Semesters ist zumindest an der Universität Würzburg seit geraumer Zeit allgegenwärtig und wird für den Schulbetrieb empfohlen; allerdings ohne Zwang, sondern auf freiwilliger Basis der Lehrer.

4.4.4 Der Umgang der Schüler mit Internetseiten, auf denen Gerüchte über Schüler verbreitet werden können

- „Es ist scheiße jemanden hinter seinem Rücken zu beleidigen".
- „Es ist nicht richtig, dass anonym gemobbt werden kann. Solche Seiten gehören verboten und sollten gesperrt werden. Sie sind einfach nur demütigend und nicht sozial", oder anders formuliert: „Die Leute gehören angeklagt und verurteilt; die Täter sollten zur Rechenschaft gezogen werden".
- „Solche Seiten sind gemein und feige. Man sollte die Dinge persönlich regeln".
- „Die Leute sind nur vor dem PC schlau, im Leben allerdings nicht".
- „So etwas braucht die Welt nicht!"
- „Es ist blöd, weil eine Person sehr verletzt und gedemütigt werden kann, obwohl sie sich nicht wehren kann. Es sollte verboten werden".
- „Ich finde so etwas ganz ok".
- „Ich hasse Mobbing. Es kann schlimme Folgen haben. Manche machen Suizid deshalb, eine Gefahr für labile Jugendliche".
- „Die Opfer fühlen sich schlecht und jeder sollte sich selber reinfühlen, wie er sich dabei fühlen würde".
- „Es ist dumm, unnötig, hinterlistig und für Leute ohne Hobbies".
- „Solche Seiten sollten geschlossen oder stärker bewacht werden".
- „Es ist lustig, aber nicht gut, weil es das Leben von Menschen negativ beeinflussen kann".

– „Selbst schuld, wenn man sich da anmeldet“.

Sehr selten (von drei Schülern) wurden solche Seiten für gut befunden. Die überwältigende Mehrheit der Schülerschaft ist gegen solche Seiten und findet, dass solche Seiten verboten gehören. Positiv zu schätzen ist die Tatsache, dass es nicht so schien, als ob solche Angebote stark frequentiert werden.

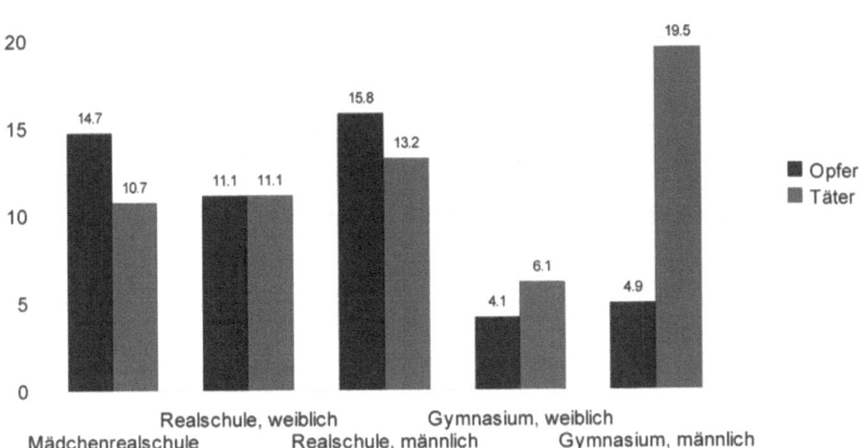

Abbildung: Cyber-Bullying. Schüler in der Täter- und Opfer-Rolle. Quelle: Eigene grafische Darstellung der statistischen Erhebung.

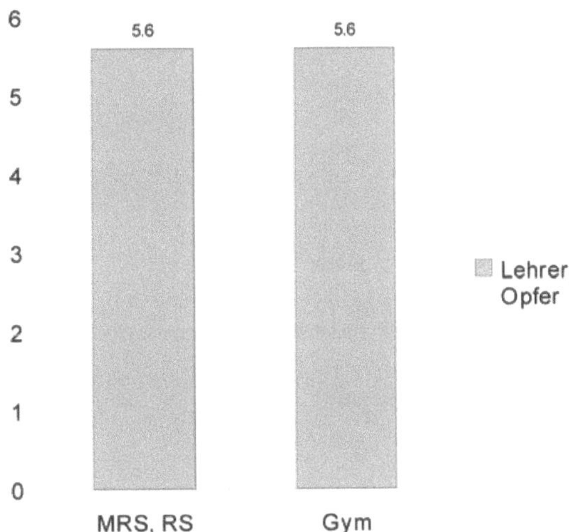

Abbildung: Cyber-Bullying. Lehrer in der Opfer-Rolle. Quelle: Eigene grafische Darstellung der statistischen Erhebung.

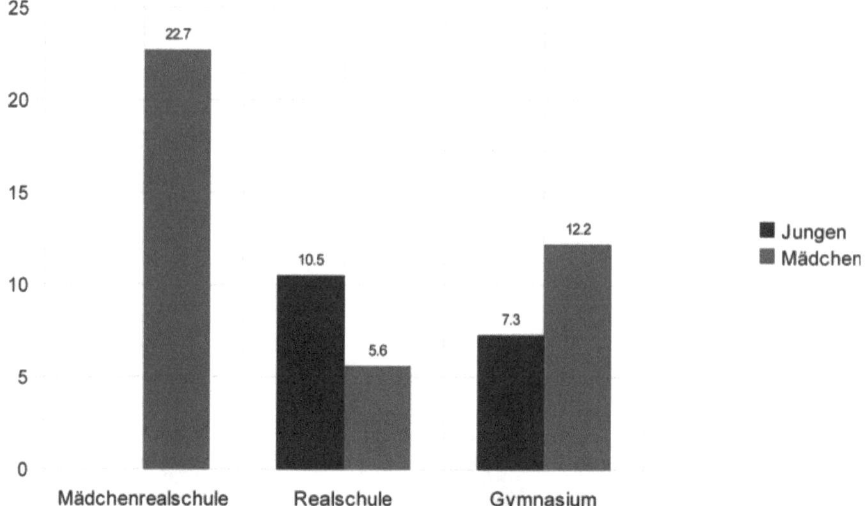

Abbildung 3: Cyber-Grooming. Schülerinnen und Schüler, die von der ungewollten sexuellen Anmache im Internet betroffen sind. Quelle: Eigene grafische Darstellung der statistischen Erhebung.

5 Fazit

Es wurde gezeigt, dass Cyber-Bullying ein aktuelles Phänomen ist und es ist davon auszugehen, dass sich die Problematik mit dem Voranschreiten der Technologien ebenfalls verschärfen wird. Die Eltern, wie auch die Lehrer, stehen hier in der Verantwortung. Das Problem darf nicht ausgelagert werden – mit der Begründung, dass die Handlung am heimischen Computer und nicht auf dem Schulgelände stattfindet, denn auch das heimische Empfangen der Nachrichten beeinflusst die Schüler nachhaltig in ihrem Verhalten und daher kann pädagogischer Ehrgeiz gefordert werden. Die Studien kamen zu dem Schluss, dass etwa ein bis drei Schülerinnen oder Schüler pro Klasse von Cyber-Bullying betroffen sind – entweder in der Täter- oder der Opferrolle oder auch beides zugleich; und auch das Lehrerkollegium ist betroffen. Auch wenn die überwiegende Mehrheit der Fälle nicht tragisch endet, ist es nötig sich damit auseinander zu setzen.

Dabei ist es wichtig, dass sich die Lehrkräfte fortbilden und diesen Sachverhalt ernst nehmen. Diese Ausarbeitung möchte einen ersten Schritt zu dieser Fortbildung leisten, indem es vehement auf das Phänomen hinweist. Lehrer geraten durch das Mobbing im Internet allerdings auch in die Opferrolle. Dabei muss sich jede Lehrkraft fragen: Ist diese Kritik, die ein Schüler äußert, gerechtfertigt? Auch wenn er oder sie sich, aus verständlichen Gründen, nicht traut dies persönlich zu vermitteln? Solange die Anmerkungen nicht den Charakter des Lehrers, sondern das Lehrverhalten und das Klassenmanagement betrachten, sollte kritisch und adäquat, in einer Selbstevaluation darüber nachgedacht werden, um gegebenfalls zu reagieren. Zudem rate ich dringend an, in der Schule eine Evaluation der Lehrtätigkeit am Ende eines Halbjahres durchzuführen – natürlich auf freiwilliger Basis. Diese muss schließlich auch nicht veröffentlicht werden. Die Schüler können dadurch sachliche Verbesserungsvorschläge anbringen und die Lehrkraft wird dadurch merken, was sie noch verbessern kann. Stichwort: Qualitätssicherung, in der freien Wirtschaft alltäglich.

Ebenfalls muss unterschieden werden zwischen der Meinungsfreiheit und den freien Äußerungen eines Schülers sowie dem öffentlichen Raum, in dem diese teilweise getätigt werden. Es muss aber auch bedacht werden: Kinder und Jugendliche sind in der Schule um etwas zu lernen. Die Lehrkräfte müssen die Kinder zu einem adäquaten Umgang anleiten und dabei werden nun einmal auch Fehltritte geleistet. Dabei muss pädagogisch sinnvoll gehandelt werden und es sollte bei Vorfällen zwar eine Bestrafung vorhanden sein, aber diese löst schließlich nicht das Grundproblem, denn das ist tiefer begründet. Ein offenes Gespräch kann hierbei Wunder bewirken.

6 Literaturverzeichnis und Internetverweise

Adamek, Sascha: die facebook-Falle. Wie das soziale Netzwerk unser Leben verkauft. München 2011.

Berry, Michael W. und Kogan, Jacob: Text mining. Applications and theory. Chichester 2010.

Beisbart, Ortwin und Marenbach, Dieter: Bausteine der Deutschdidaktik. Ein Studienbuch. 3. überarbeitete und erweiterte Auflage. Donauwörth 2009.

Bissonette, Aimee M.: Cyber Law. Maximizing safety and minimizing risk in classrooms. Thousand Oaks, California 2009.

Clay, Susanne: Cybermob. Mobbing im Internet. Würzburg 2010.

Dambach, Karl E.: Wenn Schüler im Internet mobben. Präventions- und Interventionsstrategien gegen Cyber-Bullying. München 2011.

Davidson, Julia: Legislation and policy. Protecting young people, sentecing and managing internet sex offenders. In: Julia Davidson und Petter Gottschalk (Hg.): Internet child abuse. Current research and policy. Abingdon u.a. 2011. S. 8-26.

Dooley, et al.: Cyberbullying versus face-to-face bullying. A theoretical and conceptual review. In: Peter K. Smith (Hg.): Cyberbullying. Abusive Relationships in Cyberspace (=Zeitschrift für Psychologie / Journal of Psychology; Volume 217, Number 4). Göttingen 2009. S. 182-188.

Fais, Jürgen: Gewaltfrei in der Schule. Hannover 2008.

Fiedler, Georg: Suizidalität und neue Medien. Gefahren und Möglichkeiten. In: Elmar Etzersdorfer u.a. (Hrsg.): Neue Medien und Suizidalität. Gefahren und Interventionsmöglichkeiten. Göttingen 2003. S. 19-55.

Frederking, Volker u.a.: Mediendidaktik Deutsch. Eine Einführung (=Grundlagen der Germanistik; Bd. 44). Berlin 2008.

Gardner, Will: Cyber-bullying. A whole-school community approach. In: Truths and myths of cyber-bullying. International perspectives on stakeholder responsibility and children's safety. Herausgegeben von Shaheen Shariff and Andrew H. Churchill (=new literacies and digital epistemologies; vol. 38). New York u.a. 2010. S. 269-288.

Gerlach, Nicole Marjo: Mobbing. Ein Praxis- und Methodenhandbuch. Zweite vollständig neubearbeitete und erweiterte Auflage. Schwerte 2009.

Gottschalk Petter: Characteristics of the Internet and child abuse. In: Julia Davidson und Petter Gottschalk (Hg.): Internet child abuse. Current research and policy. Abingdon u.a. 2011a. S. 27-51.

Gottschalk Petter: Stage model for online grooming offenders. In: Julia Davidson und Petter Gottschalk (Hg.): Internet child abuse. Current research and policy. Abingdon u.a. 2011b. S. 79-103.

Gradinger et al. (2009): Traditional bullying and cyberbullying. Identification of risk groups for adjustment problems. In: Peter K. Smith (Hg.): Cyberbullying. Abusive Relationships in Cyberspace (=Zeitschrift für Psychologie / Journal of Psychology; Volume 217, Number 4). S. 205-213.

Grimm, Petra und Rein, Stefanie: Slapping, Bullying, Snuffing! Zur Problematik von gewalthaltigen und pornografischen Videoclips auf Mobiltelefonen von Jugendlichen. Berlin 2007 (=Schriftenreihe der Medienanstalt Hamburg, Schleswig Holstein; Bd. 1).

Hager, Tobias; Scheithauer, Herbert: Bullying. In: Scheithauer, Herbert u.a. (Hrsg): Problemverhalten und Gewalt in Jugendalter. Erscheinungsformen, Entstehungbedingungen Prävention und Intervention. Stuttgart 2008.

Hengstenberg, Claudine (Hrsg.): Cyber-Mobbing unter Jugendlichen. Warum es so gefährlich ist, wer die Opfer sind und was man dagegen tun kann. Beau Bassin, Mauritius 2009.

Hoff, Dianne L. und Mitchell, Sidney N.: Gender and cyber-bullying. How do we know what we know? In: Truths and myths of cyber-bullying. International Perspectives on Stakeholder Responsibility and Children's safety. Herausgegeben von Shaheen Shariff and Andrew H. Churchill (=new literacies and digital epistemologies; vol. 38). New York u.a. 2010. S. 52-64.

Holtkamp, Jürgen: Verblöden unsere Kinder? Neue Medien als Herausforderung für Eltern. Kevelaer 2009.

Hornung, Antje und Lukesch, Helmut: Die unheimlichen Miterzieher – Internet und Computerspiele und ihre Wirkungen auf Kinder und Jugendliche. In: Jürgen Hardt u.a. (Hg.): Verloren in virtuellen Welten. Computerspielsucht im Spannungsfeld von Psychotherapie und Pädagogik. Göttingen 2009. S. 87-113.

Huizinga, Johan: Homo ludens. Vom Ursprung der Kultur im Spiel (Rowohlts Enzyklopädie; Bd. 55435). Reinbek bei Hamburg, 2006.

Inderst, Rudolf Thomas: Vergemeinschaftung in Mmorpgs. Boizenburg 2009.

Jürgs, Michael: BKA, Europol, Scotland Yard. Die Jäger des Bösen. München 2011.

Katzer, Catarina: Cyberbullying in Germany. What has been done and what is going on. In: Peter K. Smith (Hg.): Cyberbullying. Abusive Relationships in Cyberspace (=Zeitschrift für Psychologie / Journal of Psychology; Volume 217, Number 4). S. 222-223.

Kraft, Ellen M.: Juicycampus.com. How was this business model culpable of encouraging harassment on college campuses. In: Truths and myths of cyber-bullying. International perspectives on stakeholder responsibility and children's safety. Herausgegeben von Shaheen Shariff and Andrew H. Churchill (=new literacies and digital epistemologies; vol. 38). New York u.a. 2010. S. 65-103.

Koblmüller, Astrid: Die Welt hinter dem Bildschirm. Virtuelle Erlebniswelt World of Warcraft. Marburg 2010.

Kohn, Martin: Hilfe, mein Kind hängt im Netz. München 2010.

Kowalski, Robin et al.: Cyber Bullying: Bullying in the digital age. Malden, MA 2008.

Krowatschek, Dieter und Theiling Uta: Wenn mir eine dumm kommt schlag ich zu. Gewalt und Aggression bei Mädchen. Stuttgart 2008.

Lange, Anne-Kathrin: Happy Slapping. Zu Nutzung und Entstehung von Handy-Gewaltvideos. Saarbrücken 2008.

Langenscheidts Kompaktwörterbuch. Englisch. Berlin u.a.

Li, Qing: Cyberbullying in schools. A research of gender differences. In: School Psychology International; Bd. 27, Nr.2, S. 157-170. 2006.

Lorenz, Konrad: Das sogenannte Böse. Zur Naturgeschichte der Aggression. Amsterdam 1974.

Masters, Jennifer & Yelland, Nicola: Changing learning ecologies. Social media for Cyber-citizens. In: Truths and myths of cyber-bullying. International Perspectives on stakeholder responsibility and children's safety. Herausgegeben von Shaheen Shariff and Andrew H. Churchill (=new literacies and digital epistemologies; vol. 38). New York u.a. 2010. S. 229-249.

McQuae, Samuel C. et al.: Cyber Bullying. Protecting kids and adults from online bullies. Westport 2009.

Menesini, Ersilia und Nocentini, Annalaura: Cyberbullying definition and measurement. Some critical considerations. In: Peter K. Smith (Hg.): Cyberbullying. Abusive Relationships in Cyberspace (=Zeitschrift für Psychologie / Journal of Psychology; Volume 217, Number 4). S. 230-232.

Meyer, Elizabeth J.: Gender and sexual diversity in schools. (=Explorations of educational purpose; volume 10). Dordrecht u.a. 2010.

Meyer, Elizabeth J.: Gender, Bullying and Harrassment. Strategies to end sexism and homophobia in schools. New York u.a. 2009.

Mustafa, Jannan: Das Anti-Mobbing-Buch. Gewalt an der Schule – vorbeugen, erkennen, handeln. 3. Auflage. Weinheim und Basel 2010.

Olweus, Dan: Gewalt in der Schule. Was Lehrer und Eltern wissen sollten – und tun können. 4., durchgesehene Auflage. Bern 2008.

Ong, Rebecca: Mobile communication and the protection of children. Leiden 2010.

Ortega et al. (2009): The emotional impact on victims of traditional bullying and cyberbullying. A study of spanish adolescents. In: Peter K. Smith (Hg.):

Cyberbullying. Abusive Relationships in Cyberspace (=Zeitschrift für Psychologie / Journal of Psychology; Volume 217, Number 4). S. 197-204.

Patchin, Justin W. und Hinduja, Sameer (2006): Bullies move beyond the school yard: A preliminary look at cyberbullying. In: Youth Violence and Juvenile Justice, 4, S. 148-169.

Pauken, Patrick D.: Morse v. Frederick and Cyber-bullying in schools. The impact on freedom of expression, disciplinary authority, and school leadership. In: Truths and myths of cyber-bullying. International perspectives on stakeholder responsibility and children's safety. Herausgegeben von Shaheen Shariff and Andrew H. Churchill (=new literacies and digital epistemologies; vol. 38). New York u.a. 2010. S. 159-191.

Petry, Jörg: Dysfunktionaler und pathologischer PC- und Internet-Gebrauch. Göttingen u.a. 2010.

Rabory, Marc: Mediated speech and communication rights. Situating Cyber-bullying within the emerging global internet governance regime. In: Truths and myths of cyber-bullying. International perspectives on stakeholder responsibility and children's safety. Herausgegeben von Shaheen Shariff and Andrew H. Churchill (=new literacies and digital epistemologies; vol. 38). New York u.a. 2010. S. 193-226.

Richard, Birgit; Grünwald, Jan; Recht, Marcus: Happy Slapping: Medien- und bildanalytische Sicht eines aktuellen Phänomens. In: Tobias Hayer u.a. (Hg.): Problemverhalten und Gewalt im Jugendalter. Erscheinungsformen, Entstehungsbedingungen, Prävention und Intervention. Stuttgart, 2008. S. 72–85.

Richard, Rainer: Jugend und elektronisch Medien. In: Nur ein Mausklick bis zum Grauen...Jugend und Medien (=Schriftenreihe der MSA; Band 7). Berlin 2007. S. 13-111.

Riebel, Julia: Spotten, Schimpfen, Schlagen...Gewalt unter Schülern – Bullying und Cyberbullying. Landau 2008.

Robertz, Frank J. Und Wickenhäuser, Ruben (Hrsg.): Orte der Wirklichkeit. Über Gefahren in medialen Lebenswelten Jugendlicher; Killerspiele, Happy Slapping, Cyberbullying, Cyberstalking, Computerspielsucht...; Medienkompetenz steigern. Berlin u.a. 2010a.

Robertz, Frank J. und Wickenhäuser Ruben: Kriegerträume. Warum unsere Kinder zu Gewalttätern werden. München 2010b.

Scaglione, Joanna & Scaglione, Amica Rose: Bully-proofing children. A practical, hands-on Guide to stop Bullying. Lanham, Maryland 2006.

Schöning, Beate: Kinder im Internet – Gefahren, die keiner kennt. Sexuelle Gewalt gegen Kinder im Internet. In: Nur ein Mausklick bis zum Grauen...Jugend und Medien (=Schriftenreihe der MSA; Band 7). Berlin 2007 S. 113-202.

Schubarth, Wilfried: Gewalt und Mobbing an Schulen. Möglichkeiten der Prävention und Intervention. Stuttgart 2010.

Schultze-Krumbholz, Anja und Scheithauer, Herbert: Social-behavioral correlates of cyberbullying in a german student sample. In: Peter K. Smith (Hg.): Cyberbullying. Abusive Relationships in Cyberspace (=Zeitschrift für Psychologie / Journal of Psychology; Volume 217, Number 4). S. 224-226.

Shariff, Shaheen & Churchill, Andrew H.: Appreciating complexity. Detangling the web of stakeholder influence and responsibility. In: Truths and myths of cyber-bullying. International perspectives on stakeholder responsibility and children's safety. Herausgegeben von Shaheen Shariff and Andrew H. Churchill (=new literacies and digital epistemologies; vol. 38). New York u.a. 2010a. S. 1-25.

Shariff, Shaheen: Issues and solutions for the school, the classroom and the home. London u.a. 2008b.

Smith, Peter K.: Cyberbullying: the European perspective. In: Joaqurin A. Mora-Merchin & Thomas Jäger (Hrsg.): Cyberbullying: A cross–national comparison. Landau 2010. S. 7- 19.

Smith et al.: Cyberbullying: its nature and impact in secondary school pupils. In: Journal of child psychology & psychiatry; 49. 2008. S. 376-385.

Spieß, Christine: „Wir können auch anders!" Gefährlichen Entwicklungen bei Schülern entgegenwirken. Weinheim und Basel 2011.

Stefkovich, Jacqueline A.; Crawford, Emily R.; Murphy, Marl P.: Legal issues related to Cyber-bullying. In: Truths and myths of cyber-bullying. International perspectives on stakeholder responsibility and children's safety. Herausgegeben von Shaheen Shariff and Andrew H. Churchill (=new literacies and digital epistemologies; vol. 38). New York u.a. 2010. S.139-158.

Stephan, Rene: Cyber-Bullying in sozialen Netzwerken. Maßnahmen gegen Internet-Mobbing am Beispiel von SchülerVZ. Boizenburg 2010.

Trolley, Barbara C.: Cyber kids, cyber bullying, cyber balance. Thousand Oaks, California 2010.

Tokunaga, Robert S.: Following you home from school: A critical review and synthesis of reasearch on cyberbullying victimization. In: Computers in Human Behavior 26. S. 277–287. 2010.

Volkmer, Thomas und Singer, Mario C.: Tatort Internet. Das Handbuch gegen Rufschädigung, Beleidigung und Betrug im Internet. München 2008.

Walrave, Michael und Heirman, Wannes: Towards understanding the potential triggering features of technology. In: Truths and myths of cyberbullying. International perspectives on stakeholder responsibility and children's safety. Herausgegeben von Shaheen Shariff and Andrew H.

Churchill (=new literacies and digital epistemologies; vol. 38). New York u.a. 2010. S. 28-49.

Willard, Nancy E.: Cyberbullying and cyberthreats. Responding to the challenge of online social aggression, threats, and distress. Champaign, Illinois 2007.

Winterhof, Michael: Warum unsere Kinder Tyrannen werden. Oder: Die Abschaffung der Kindheit. 20. Auflage. Gütersloh 2009.

Witzel, Holger: Tatort Internet. Die Tricks, mit denen sich Männer an Kinder und Jugendliche heranmachen. In: Stern, Nr. 41 vom 7. 10. 2010. S. 30-38.

Zinga, Dawn S.: Boundaires in cyber-space. Media and stakeholders as policy shapes. In: Truths and myths of cyber-bullying. International perspectives on stakeholder responsibility and children's safety. Herausgegeben von Shaheen Shariff and Andrew H. Churchill (=new literacies and digital epistemologies; vol. 38). New York u.a. 2010. S. 105-136.

Internetverweise

Berr, Christina Maria (2010): RTL2: Sendung mit Stephanie zu Guttenberg. Täterjagd mit Ministergattin. Online unter: http://www.sueddeutsche.de/medien/rtl-sendung-mit-stefanie-zu-guttenberg-taeterjagd-mit-stefanie-zu-guttenberg-1.1009348, aufgerufen am 14. August 2011.

Brown, Lousie (2007): Teachers declare war on cyber-bullying. Online unter: www.thestar.com/article/235675, aufgerufen am 23. Mai 2011.

Burck, Alexandra (2007): Expertin: Mobbing ist eine „Art Volkssport. 500.000 Fälle pro Woche an Deutschlands Schulen. Online unter: www.lichtblick99.de/ticker2341_07.html, aufgerufen am 04. Juli 2011.

www.chatroulette.com, aufgerufen am 27. Juli 2011

www.chatten-ohne-risiko.net, aufgerufen am 09. Juni 2011.

www.clemson.edu/olweus, aufgerufen am 23. Mai 2011.

www.cyberbullying.us, aufgerufen am 22. August 2011.

www.cyberstalking.at, aufgerufen am 05. September 2011.

www.datenwachschutz.de, aufgerufen am 01. September 2011.

http://dict.tu-chemnitz.de/dings.cgi?lang=en&service=deen&opterrors=0&optpro=0&query=mob&iservice=&comment=&email=, aufgerufen am 01. Juni 2011.

http://dict.tu-chemnitz.de/dings.cgi?lang=en&service=deen&opterrors=0&optpro=0&query=bullying&iservice=&comment=&email=, aufgerufen am 01. Juni 2011.

http://www.eveteasing.org/, aufgerufen am 01. September 2011.

www.internetvictims.de, aufgerufen am 01. September 2011.

http://eprints.lse.ac.uk/00000399/01/UKCGO_Final_report.pdf, aufgerufen am 21. September 2011.

Garner, R. (2007): Teachers fear growing 'cyberbullying' by pupils. The Independent. Online unter http://www.independent.co.uk/news/education/education-news/teachers-fear-growing-cyberbullying-by-pupils-443265.html, aufgerufen am 19. August 2011.

http://www.gesetze-im-internet.de/, aufgerufen am 11. September 2011.

http://www.gfl.info/text.php?Inhalt=newsmeldung&ID=1975, aufgerufen am 04. Mai 2011.

http://www.icq.com/de.html, aufgerufen am 21. Juli 2011.

http://www.imdb.de/title/tt1930315/, aufgerufen am 28. September 2011.

Jäger, Thomas et al. (2009): Cyberbullying. The situation in Germany. Online unter: www.cybertraining-project.org/reports/CyberTraining%20-%20Situation%20in%20Germany.doc, aufgerufen am 21. September 2011.

Knoke, Felix (2010): Internet-Hype Chatroulette. Sex, Schock, Sucht. Online unter: http://www.spiegel.de/netzwelt/web/0,1518,677955,00.html, aufgerufen am 14. Juni 2011.

www.knuddels.de, aufgerufen am 14. April 2011.

Krahe, Dialika (2010): Morgens Mathe, mittags Hure. Online unter: http://www.spiegel.de/spiegel/0,1518,704727,00.html, aufgerufen am 19. September 2011.

Meckel, Nina (2007): Urteil spickmich.de. „Lehrer müssen mit Kritik umgehen können“. Online unter: http://www.focus.de/schule/schule/urteil-spickmich-de_aid_66236.html, aufgerufen am 13. August 2011.

Microsoft (2006): One in ten UK teens have been victims of cyberbullying and one in four knows someone who's been a victim. Online unter: http://www.microsoft.com/uk/press/content/presscentre/releases/2006/03/pr03603.mspx, aufgerufen am 24. Juli 2011.

http://www.meganmeierfoundation.org/, aufgerufen am 14. Mai 2011.

http://www.mpfs.de/index.php?id=11, aufgerufen am 01. August 2011.

www.netsafe.org.nz, aufgerufen am 22. August 2011.

http://nickyee.com/facets/5motiva.html, aufgerufen am 08. Juli 2011.

n-tv.de (2005): Täter selbst noch Jugendliche. Mädchen mehrfach vergewaltigt. Online unter: http://www.n-tv.de/panorama/Maedchen-mehrfach-vergewaltigt-article150512.html, aufgerufen am 01. Juni 2011.

www.polizei.bayern.de, aufgerufen am 14. Juni 2011.

http://www.protectcom.de/index.php, aufgerufen am 19. September 2011.

http://www.psychosoziale-gesundheit.net/psychiatrie/werther.html, aufgerufen am 17. September 2011.

www.reputationdefender.com, aufgerufen am 01. September 2011.

Rtl.de: Brutale Prügel-Attacke nach Mobbing im Internet. Opfer erlitt schwere Kopfverletzungen. Online unter: http://www.rtl.de/cms/service/

brutale-pruegel-attacke-nach-mobbing-im-internet-14bad-399e-13-677592.html, aufgerufen am 01. September 2011.

Rtl.de: Cyber-Mobbing: Gewalt eskaliert. Nur ein bisschen ärgern. Online unter: http://www.rtl.de/cms/news/rtl-aktuell/cyber-mobbing-gewalt-eskaliert-14bad-51ca-10678499.html, aufgerufen am 01. September 2011.

Rtl.de (2011): Mobbing im Internet und per SMS. Digitales Mobbing ist besonders fies. Online unter: http://www.rtl.de/cms/ratgeber/familie/kinder/mobbing-im-internet-und-per-sms-b94b-5c56-55-113485.html, aufgerufen am 01. September 2011.

Rtl.de (2011): USA: Selbstjustiz nach Facebook-Mobbing. Online unter: http://www.rtl.de/cms/news/rtl-aktuell/usa-selbstjustiz-nach-facebook-mobbing-1a3d5-51ca-15-870038.html, aufgerufen am 01. September 2011.

Rtl.de (2010): Sex-Video im Web: Student begeht Selbstmord. Online unter: http://www.rtl.de/cms/news/rtl-aktuell/sex-video-im-web-student-begeht-selbstmord-f2ae-51ca-46-469857.html, aufgerufen am 01. September 2011.

Smith, et al: Cyberbullying: its nature and impact in secondary school pupils. In: Journal of child psychology and psychiatry; 49. 2008. S. 376-385. Online unter: cms.gold.ac.uk/media/SmithJCPP.pdf, aufgerufen am 29. August 2011.

Spiegel Online (2008): Lehrerbeleidigung im SchülerVZ. 14-Jährige fliegt von der Schule. Online unter: http://www.spiegel.de/schulspiegel/leben/0,1518,538554,00.html, aufgerufen am 11. September 2011.

Spiegel Online (2007): Pädophilie-Opfer. 13-Jährige hat Nacktfotos selbst gemacht. Online unter: http://www.spiegel.de/panorama/0,1518,459823,00.html, aufgerufen am 05. September 2011.

www.stopcyberbullying.org/what_is_cyberbullying_exactly.html, aufgerufen am 22. August 2011.

http://www.stoploverboys.nu/en/, aufgerufen am 28. September 2011.

http://umfrage.breakpoint.cc/, aufgerufen am 04. Juli 2011.

http://upload.wikimedia.org/wikipedia/en/f/f8/Internet_dog.jpg, aufgerufen am 23. September 2011.

Welt Online (2010): Tatort Internet. Online unter:http://www.welt.de/fernsehen/article10372024/Guttenberg-entsetzt-ueber-Debatte-zur-RTL2-Show.html, aufgerufen am 01. September 2011.

www.wiredsafety.org, aufgerufen am 09. Juni 2011.

Youtube.com, Cyberbully. Online unter: http://www.youtube.com/watch?v=5Du6A-HIzmY, aufgerufen am 28. September 2011.

Youtube.com, Cyber bullying cinema commercial. Online unter: http://www.youtube.com/watch?v=kKoUegW5cPE&feature=related, aufgerufen am 14. September 2011.

Youtube.com, Cyberbullying – Megan Meier's Story. Online unter: http://www.youtube.com/watch?v=F7WllPVA-A4&feature=related, aufgerufen am 14. September 2011.
Youtube.com, Teen Bullying Prevention – A Cyber Bullying Suicide Story. Online unter: http://www.youtube.com/watch?v=iDBiqUWRtMo, aufgerufen am 14. September 2011.
Youtube.com, the Star Wars kid. Online unter: http://www.youtube.com/watch?v=rM4O4-jT3x0, aufgerufen am 22. August 2011.
Youtube.com, Wired Safety's Cyberbullying Video. Online unter: http://www.youtube.com/watch?v=T38-9OCDrP4, aufgerufen am 14. September 2011.
http://www.youtube.com/watch?v=eSWKl3GLSkA, aufgerufen am 10. Juni 2011
http://www.youtube.com/watch?v=Zu6z9Fa8spQ, aufgerufen am 10. Juni 2011.
Walsch, J.: New study reveals parents need better cybersmarts. Online unter: http://phx.corporate-ir.net/phoenix.zhtml?c=76341&p=irol-newsArticle&t=Regular&id=713625&, aufgerufen am 14. Juli 2011.
Wolf, Hubert und Klöber, Katharina (2011): Eltern kämpfen gegen Loverboys an. Online unter: http://www.derwesten.de/nachrichten/im-westen/Eltern-kaempfen-gegen-Loverboys-an-id5081088.html, aufgerufen am 19. September 2011.

Abbildungsverzeichnis

7 Anhang

Anhang A: Fragebögen, die bei der Erhebung verwendet wurden

Institut für Psychologie
Lehrstuhl für Psychologie IV
Slawomir Siewior
http://umfrage.breakpoint.cc
Email: slawomir.r.siewior@stud-mail.uni-wuerzburg.de

Statistische Erhebung zum Thema Cyber-Bullying

Die folgenden statistischen Daten werden anonym erhoben. Bitte beantworten Sie die folgenden Fragen so ehrlich wie möglich. Die Mehrzahl der Antworten kann durch Ankreuzen beantwortet werden.

Geschlecht:	Männlich	Weiblich
Alter:		

1.	Haben Sie eigene Kinder?	Ja	Nein
2.	Besitzen Sie einen Computer?	Ja	Nein
3.	Falls ja, hat Ihr Computer einen Internetanschluss?	Ja	Nein
4.	Falls Sie eigene Kinder haben: Hat Ihre Familie Regeln im Umgang mit Computern?	Ja	Nein
5.	Falls Sie eigene Kinder haben: Hat Ihre Familie Regeln im Umgang mit Websiten?	Ja	Nein
6.	Informieren Sie sich über die Gefahren des Internets (z.B. Datenschutz, die Gefahren von social networks, usw.)?	Ja	Nein
7.	Kennen Sie den Begriff Cyber-Bullying?	Ja	Nein
8.	Haben Sie sich im Kollegium über das Thema Cyber-Bullying unterhalten?	Ja	Nein
9.	Haben Sie Ihre Schüler über das Thema Cyber-Bullying aufgeklärt?	Ja	Nein
10.	Falls ja, welchen Aspekt des Cyber-Bullying hielten Sie dabei für besonders wichtig?		

11. Teilen Sie Schülern Ihre E-Mail-Adresse mit, damit diese Sie kontaktieren können?	
Ja, meine private	[ ]
Ja, eine gesonderte, die nur für Schüler zugänglich ist	[ ]
Nein	[ ]

12. Teilen Sie Schülern Ihre Telefonnummer mit, damit diese Sie kontaktieren können?	Ja	Nein

13. Nutzen Sie Instant Messenger, Chatrooms und soziale Netzwerke? Wenn ja, welche?	
SchülerVZ/StudiVZ	[ ]
Facebook	[ ]
ICQ, MSN Messenger	[ ]
Knuddels	[ ]
MySpace	[ ]
Diverse Flirt/Partnerseiten	[ ]
Andere:	

14. Kommunizieren Sie mit Ihren Schülern über Facebook oder anderen Netzwerken?	Ja	Nein

15. Wie nutzen Sie das Internet?	
Onlinespiele (z.B. Meine Farm, World of Warcraft, Counter-Strike, usw.)	[ ]
Chatten/Soziale Netzwerke um Kontakt mit meinen Freunden zu halten	[ ]
Chatten/Soziale Netzwerke um neue Menschen kennenzulernen	[ ]
Ich nutze das Internet um mich zu informieren	[ ]
Ich nutze das Internet zur Unterhaltung	[ ]

16. Falls Sie eigene Kinder haben, überwachen Sie diese bei Ihren Computeraktivitäten?	Ja	Nein
17. Kennen Sie die Begriffe „sexting“ oder „Cyber-Grooming“?	Ja	Nein
18. Wurden Sie im Internet von Personen (keine Spam-Mails) angeschrieben, die Sie nicht kennen?	Ja	Nein
19. Falls ja, fanden Sie dies angenehm?	Ja	Nein
20. Wurden Sie im Internet von Personen, die Sie nicht kennen, sexuell belästigt?	Ja	Nein

21. Waren Sie bereits ein Cyber-Bullying Opfer oder Täter? Mehrfachnennung möglich.	
Ja, ich war bereits ein Opfer	[ ]
Ja, ich war bereits ein Täter	[ ]

22. Falls Sie ein Bullying-Opfer waren: Haben Sie herausgefunden, wer sie gemobbt hat?	Ja	Nein
23. Falls Sie ein Bullying-Opfer waren: Welche Schritte haben Sie dagegen unternommen?		
24. Was halten Sie von Internetseiten, die Lehrer mit Schulnoten bewerten?		

Möchten Sie mir ein Cyber-Bullying-Ereignis genauer schildern? Ein persönliches Erlebnis oder ein Ereignis, dass im Klassenzimmer stattgefunden hat? Oder haben Sie weitere Kommentare? Dann schreiben Sie mir eine anonyme Nachricht über die Internetseite http://umfrage.breakpoint.cc.

Vielen Dank für das Ausfüllen des Fragebogens und eventuelle Kontakt-Mails!

Institut für Psychologie
Lehrstuhl für Psychologie IV
Slawomir Siewior
http://umfrage.breakpoint.cc
Email: slawomir.r.siewior@stud-mail.uni-wuerzburg.de

Statistische Erhebung zum Thema Cyber-Bullying

Die folgenden statistischen Daten werden anonym erhoben. Bitte beantworte die folgenden Fragen so ehrlich wie möglich. Die Mehrzahl der Antworten kann durch Ankreuzen beantwortet werden.

Geschlecht:	Männlich	Weiblich
Alter:		

1. Besitzt du einen Computer?	Ja	Nein
2. Falls ja, wo befindet sich dein Computer?		
Er befindet sich für alle Familienmitglieder frei zugänglich, z.B. im Wohnzimmer	[ ]	
Er befindet sich in meinem Zimmer und ist nicht für alle zugänglich	[ ]	
3. Falls ja, hat dein Computer einen Internetanschluss?	Ja	Nein
4. Falls ja, hat deine Familie Regeln im Umgang mit dem Computer?	Ja	Nein
5. Falls ja, hat deine Familie Regeln im Umgang mit Websiten, die du besuchen darfst?	Ja	Nein
6. Falls ja, wurdest du schon mal bestraft, als du gegen die Regeln verstoßen hast?	Ja	Nein
7. Wurde in Deiner Familie bereits über die Gefahren des Internets diskutiert? (z.B. über die Herausgabe persönlicher Daten im Internet,die Gefahren von Facebook, usw.)?	Ja	Nein
8. Hat dich die Schule über die Gefahren des Internets aufgeklärt?	Ja	Nein
9. Hast du eine eigene E-Mail-Adresse?	Ja	Nein

10. Nutzt du Instant Messenger, Chatrooms und soziale Netzwerke? Wenn ja, welche?	
SchülerVZ/StudiVZ	[ ]
Facebook	[ ]
ICQ, MSN Messenger	[ ]
Knuddels	[ ]
MySpace	[ ]

Diverse Flirt-Partnerseiten	[ ]
Andere:	

11. Wie nutzt du das Internet?	
Onlinespiele (z.B. Meine Farm, World of Warcraft, Counter-Strike, usw.)	[ ]
Chatten/Soziale Netzwerke um Kontakt mit meinen Freunden zu halten	[ ]
Chatten/Soziale Netzwerke um neue Menschen kennenzulernen	[ ]
Ich nutze das Internet um mich zu informieren	[ ]
Ich nutze das Internet zur Unterhaltung	[ ]

12. Kommunizierst du mit deinen Lehrern über Facebook oder anderen Netzwerken?	Ja	Nein
13. Überwachen dich deine Eltern bei der Computernutzung?	Ja	Nein
14. Kennst du bereits die Begriffe/die Gefahren des „sexting“ oder „Cyber-Grooming“?	Ja	Nein

INFO: „**Sexting** ist die private Verbreitung erotischen Bildmaterials des eigenen Körpers über Multimedia Messaging Services (MMS) über Mobiltelefone. Das (...)wort setzt sich aus *Sex* und *texting* zusammen.“ (Quelle: http://de.wikipedia.org/wiki/Sexting)	*INFO:* „Mit dem englischen Begriff **Cyber-Grooming** (von englisch: *to groom (...)*) wird das gezielte Ansprechen von Kindern und Jugendlichen im Internet mit dem Ziel der Anbahnung sexueller Kontakte bezeichnet. Es handelt sich demnach um eine besondere Form der sexuellen Belästigung im Internet.“ (Quelle: http://de.wikipedia.org/wiki/Cyber-Grooming)

15. Wurdest du im Internet von Personen, die du nicht kennst, angeschrieben?	Ja	Nein
16. Falls ja, fandest du dies angenehm?	Ja	Nein
17. Falls ja, hatte diese Kontaktaufnahme einen sexuellen Hintergrund (siehe Info: Cyber-Grooming)	Ja	Nein
18. Wurdest du ein Mal darüber aufgeklärt, was für Folgen es haben kann, wenn du private Bilder in sozialen Netzwerken hochlädts?	Ja	Nein
19. Hast du Angst davor, dass deine Bilder im Internet verfälscht werden oder andersweitig ohne deine Zustimmung benutzt und vervielfältigt werden?	Ja	Nein
20. Kennst du den Begriff Cyber-Bullying?	Ja	Nein
21. Wenn du die Frage mit ja beantwortet hast, dann schreibe bitte auf, was Cyber-Bullying für dich bedeutet:		

22. Wurde das Thema Cyber-Bullying im Schulunterricht behandelt?	Ja	Nein

23. Warst du bereits ein Cyber-Bullying Opfer oder Täter? Mehrfachnennung möglich.	
Ja, ich war ein Cyber-Bullying-Opfer	[ ]
Ja, ich war ein Cyber-Bullying-Täter	[ ]
24. Falls du ein Täter warst: Wen hast du im Internet gemobbt? Mehrfachnennung möglich.	
Lehrer	[ ]
Mitschüler	[ ]
Freunde	[ ]
Fremde aus dem Internet	[ ]

Die folgenden Fragen beziehen sich ausschließlich auf das **Mobbing im Internet** (Cyber-Bullying).

INFO: **Belästigung:** Massives Versenden von terrorisierenden und **beleidigenden Nachrichten** über SMS, E-Mail oder Pinwandeinträge in einer Social Community. Eine weitere Möglichkeit ist es, anstößige oder unerwünschte Inhalte (Videos, Bilder, Viren etc.) an das Opfer oder im Namen des Opfers an andere Personen zu verschicken.	*INFO:* **Bloßstellung:** Veröffentlichung von intimen Informationen des Opfers. Es werden also **private** Geschichten oder **Geheimnisse** über das Internet **verbreitet**. Diese Art des Cyberbullying ist besonders belastend, weil die Informationen oft nicht einfach als erfunden abgetan werden können und sich das Opfer deshalb schämt.
INFO: **Diffamierung/Rufschädigung:** Das Gleiche wie bei der Bloßstellung, nur sind die diffamierenden Behauptungen unwahr. Dazu zählt auch die **Verbreitung von Fakes** in Form von **nachbearbeiteten Fotos** sowie von **gefälschten E-Mails**, Foreneinträgen und Ähnlichem. Meist bekommt das Opfer dies zunächst gar nicht mit und merkt es erst später, wenn bereits der Rest der Schule, die Arbeitskollegen oder andere Personen über ihn oder sie tuschelt (...).	*INFO:* **Demütigung:** Dabei geht es dem Bully meistens darum, die **direkte Reaktion des Opfers mitzukriegen**. Im Online-Bereich sind die häufigsten Beispiele die sogenannten „**Happy-Slapping**-Videos", bei denen unterlegene Mitschüler oder andere Personen mittels Handykamera dabei gefilmt werden, wie sie von anderen verprügelt werden. Eine weitere Variante sind **gefälschte Pornobilder**, die in Foto-Alben hochgeladen werden. Allgemein sind alle Foren und Communities für diese Art des Cyberbullying anfällig (...). Eine besonders aufwändige Variante sind spezialisierte „Hass-Gruppen" in sozialen Netzwerken. Sie richten sich gezielt gegen einzelne Mitschüler.

INFO: **Bedrohung:** Diese besonders aggressive Art von Cyberbullying erfolgt zwar immer direkt, oft aber anonym oder unter falschem Namen. Die **möglichen Inhalte der Drohungen** umfassen alles, was Menschen einander antun können, von Rufschädigung über Zerstörung von Gegenständen bis zu körperlichen Angriffen. Auch Morddrohungen sind keine Seltenheit (...).

Quelle:www.https://www.klicksafe.de/themen/downloaden/urheberrecht/irights/cybermobbing/cyberbullying-kann-vieles-heissen.html
Bewertungsskala: 1 = Nie; 2 = Selten; 3 = Öfters; 4 = Häufig

	Nie	Selten	Öfters	Häufig
Ich habe bereits eine Person belästigt (z.B. eine beleidigende Nachricht verschickt).	1	2	3	4
Ich habe bereits eine Person bloßgestellt (z.B. private Geheimnisse verbreitet).	1	2	3	4
Ich habe bereits den Ruf einer Person geschädigt (z.B. Fotos nachbearbeitet und im Internet verbreitet oder falsche Gerüchte gestreut).	1	2	3	4
Ich habe bereits eine Person im Internet bedroht (für Beispiele siehe oben).	1	2	3	4
Ich habe bereits eine Person gedemütigt (z.B. Pornobilder fälschen, Hassgruppen gründen, demütigende Videos online stellen).	1	2	3	4
Ich habe alleine gemobbt.	1	2	3	4
Ich habe eine Person mit meinen Freunden gemobbt.	1	2	3	4
Ich erzähle anderen von meinen Mobbing-Aktivitäten.	1	2	3	4
Ich habe jemanden gemobbt, weil ich mich über diese Person geärgert habe.	1	2	3	4
Ich habe jemanden gemobbt, um eine andere Person zu beschützen.	1	2	3	4
Ich habe jemanden gemobbt, um Rache zu nehmen.	1	2	3	4
Ich habe jemanden gemobbt, um ihm zu schaden.	1	2	3	4
Ich wurde bereits belästigt (für Beispiele siehe oben).	1	2	3	4
Ich wurde bereits bloßgestellt (für Beispiele siehe oben).	1	2	3	4
Mein Ruf wurde im Internet geschädigt (für Beispiele siehe oben).	1	2	3	4
Ich wurde bereits gedemütigt (für Beispiele siehe oben).	1	2	3	4
Ich wurde bereits bedroht (für Beispiele siehe oben).	1	2	3	4
Ich bin stolz auf meine Mobbing-Aktivitäten.	1	2	3	4
Es war mir nicht bewusst, welchen Schaden ich der anderen Person damit zufüge.	1	2	3	4

	Nie	Selten	Öfters	Häufig
Ich denke, dass ich beim Mobbing nicht entdeckt werden kann.	1	2	3	4
Wenn du ein Cyber-Bullying-Täter warst: Wie sahen deine Cyber-Bullying-Aktivitäten aus?				
Wenn du ein Cyber-Bullying-Opfer warst: Welche Schritte hast du dagegen unternommen? Und hast du herausgefunden wer dich gemobbt hat?				
Was hälst du von Internet-Seiten, die Lehrer mit Noten bewerten?				
Was hälst du von Webseiten auf denen gezielt Gerüchte verbreitet werden und gezielt gemobbt wird?				

Möchtest du mir ein Cyber-Bullying-Ereignis genauer schildern? Ein persönliches Erlebnis oder ein Ereignis, dass im Klassenzimmer oder deinem Freundeskreis stattgefunden hat? Oder hast du weitere Kommentare? Dann schreibe mir eine anonyme Nachricht über die Internetseite http://umfrage.breakpoint.cc.

Vielen Dank für das Ausfüllen des Fragebogens und eventuelle Kontakt-Mails!

Anhang B: Gruppenarbeit zur Chatiquette

Aufgabe:

- Lese den folgenden Ausschnitt aus einem öffentlichen Chat.
- Wie wirkt das Gespräch auf euch? Welche Fehler macht <SuPPenSalZ>?
- Überlege dir eine Höflichkeitsregel für <SuPPenSalZ>, damit er in Zukunft mehr Erfolg beim „Chatten" hat.
- Stelle die Regel deiner Klasse vor und fasse dabei kurz den Inhalt des Chats zusammen.

Zucker betritt den Chatraum.
<Zucker> Hallöle :)

<SuPPenSalZ> Hi!!!
<Zucker> was geht ab?
<SuPPenSalZ> noch nich viel...m/w?
<Zucker> ...
<SuPPenSalZ> ...? m oder w?!?
<Zucker> wie bitte?
<SuPPenSalZ> maN! Ob du männlich oder weiblich bist...
<Zucker> achso...
<SuPPenSalZ> UND?
<Zucker> Ist das wichtig?
<SuPPenSalZ> KLAR!!
<Zucker> Wieso?
<SuPPenSalZ> Weil halt!!! Dann wieß ich mit wem ich rede...
<Zucker> Als ob das wichtig wäre ob ich ein Junge oder ein Mädchen bin...Ist ja kein Flirt chat, oder?
<SuPPenSalZ> Eglal!
<SuPPenSalZ> Egal! Also m oder w?
<Zucker> Nerv nicht....
<SuPPenSalZ> ey, ich nerv doch nicht!! Ich betreibe Konwersatiiohn.
<Zucker> Konversation?
<SuPPenSalZ> GENAU! Plauddern halt,
<Zucker> Du solltest etwas an deinen chat-Manieren arbeiten...
<SuPPenSalZ> Wieso?! Wie alt bist du eigentlich?!
<Zucker> oh mann...
<SuPPenSalZ> WAS denn?
<Zucker> du nervst...
<SuPPenSalZ> sag halt!
<Zucker> damit du Ruhe gibst...
<SuPPenSalZ> na endlich!
<Zucker> rat mal...
<SuPPenSalZ> so wie du dich anstellst, bestimmt weiblich!!
<Zucker> -.-
<SuPPenSalZ> LOL! Also n anstrengändes Mädel, wie alt?!
<Zucker> ....
<Zucker> Wohl zu alt für dich...
<SuPPenSalZ> Icke bin schon stolze 15!
<Zucker> und verhälst dich wie ein 11jähriger...
<SuPPenSalZ> EY! Also, wie alt?!
<Zucker> 13...und jetzt nerv nicht mit solchen dämlichen Fragen...
<Zucker> okay?

<SuPPenSalZ> klar! Wie Kloßbrühe! Oder so...
<Zucker> supi...
<SuPPenSalZ> Wo kommst du her?????
<Zucker> Berlin
<SuPPenSalZ> GEIL! Ich komm aus Reinickendorf!!
<SuPPenSalZ> Wie wärs? Kannst mir ja deine NUMMER geben und wir können uns ja mal treffen??!?!?
<SuPPenSalZ> BiTTE!
<Zucker> Oh mann....werd erwachsen...bitte.
Zucker verlässt den Chatraum.

Regel:

Falle über Fremde im Chat nicht gleich mit Fragen wie ________________ her und frage nicht nach ________________________ und ______________________, denn das wirkt sehr aufdringlich!

Aufgabe:

- Lese den folgenden Ausschnitt aus einem öffentlichen Chat.
- Wie wirkt das Gespräch auf euch? Welche Fehler macht <SuPPenSalZ>?
- Überlege dir eine Höflichkeitsregel für <SuPPenSalZ>, damit er in Zukunft mehr Erfolg beim „Chatten“ hat.
- Stelle die Regel deiner Klasse vor und fasse dabei kurz den Inhalt des Chats zusammen.

Zucker betritt den Chatraum.
<Zucker> Hallöle :)
<SuPPenSalZ> Hi!!!
<SuPPenSalZ> WIE GEHTSS??
<Zucker> Gut...
<SuPPenSalZ> MIR AUHC!!!! ICH BIN ÜRBIGNES DER PETER!
<Zucker> Hallo Peter, meine Ohren fangen gerade ein wenig zu schmerzen an....
<SuPPenSalZ> WIESO??? ZU TIEF MIT DEM WATTESTÄPCHEN GEPUUULHLT?! LoL,
<Zucker> ...
<SuPPenSalZ> HATS DIR WOHL DIE SRPAHCE VERSCHLAGEN; WA!
<Zucker> -.-
<SuPPenSalZ> SACH MA,,
<Zucker> Weil deine Feststelltaste klemmt
<SuPPenSalZ> MEINE WAS

<Zucker> ...dein CAPSLOCK klemmt.
<SuPPenSalZ> OH......NIEN!!!! DIE FUNKTIONIERT NOCH WIE IMMER!
<Zucker> Dann hör BITTE auf zu schreien!
<SuPPenSalZ> WIESO SCHREIEN?
<Zucker> du raffst es nicht, oder?
<SuPPenSalZ> WAS DENN??!?!??
<Zucker> es nervt einfach, wenn du alles groß schreibt...
<SuPPenSalZ> STELL DICH NICHT SO AN: DAS SIEHT WIEL COOHLER AUS,
<Zucker> HÖR AUF ZU SCHREIEN, bitte?
<SuPPenSalZ> OKAY. Weil du so zuckersüßß bist lol.
<Zucker> Danke :)
<SuPPenSalZ> Wie hjeisst du denn?!
<Zucker> Wenn du dich noch bemühst, richtig zu schreiben, dann werde ich es dir vielleicht sagen.
<SuPPenSalZ> Gut. Ich wred mich bemhüen
<SuPPenSalZ> WERD
<SuPPenSalZ> werd, bemühen,,
<SuPPenSalZ> Sorrey...
<Zucker> der Wille zählt..
<SuPPenSalZ> also?
<Zucker> Ich bin der Paul.
<SuPPenSalZ> OH :'(
<Zucker> Was denn?
<SuPPenSalZ> ....
<SuPPenSalZ> Ich dachte du wärst ZUCKERsüss, aber so...
<Zucker> bin ich auch? ;-) zumindest hab ich zuckersüsse Manieren...
<SuPPenSalZ> ICH AUCH!!!??

Regel:

___ ______________________________ gilt im Internet als SCHREIEN und damit als unhöflich.

Aufgabe:

- Lese den folgenden Ausschnitt aus einem öffentlichen Chat.
- Wie wirkt das Gespräch auf euch? Welche Fehler macht <SuPPenSalZ>?
- Überlege dir eine Höflichkeitsregel für <SuPPenSalZ>, damit er in Zukunft mehr Erfolg beim „Chatten" hat.
- Stelle die Regel deiner Klasse vor und fasse dabei kurz den Inhalt des Chats zusammen.

Zucker betritt den Chatraum.
<Zucker> Hi!
<SuPPenSalZ> Hallo :), bist du neu hier?
<Zucker> ja...in der Klasse hat mir eine Freundin von dem Chat erzählt...dann wollte ich es mal ausprobieren.
<SuPPenSalZ> Na dann herzlich Willkommen in unserer Chat-Community :)
<Zucker> danke...wird bestimmt sehr lustig...
<SuPPenSalZ> Ja! Wir sind eine große Familie, weißt du?
<Zucker> das ist schön..
<SuPPenSalZ> Ich heiße Nadja, und wer bist du?
<Zucker> Hallo Nadja, ich heiße Stefan.
<SuPPenSalZ> Hallo Stefan :)
<Zucker> :-)
<SuPPenSalZ> Und weiter?
<Zucker> Stefan Müller...wieso?
<SuPPenSalZ> Nur so...wir sind wie gesagt eine große Familie.
<Zucker> Achso...
<SuPPenSalZ> wo kommst du denn her?
<Zucker> Aus Nürnberg...
<SuPPenSalZ> Oh! Das ist aber schön Stefan.
<Zucker> Wieso?
<SuPPenSalZ> Einige aus diesem Chatraum kommen aus Nürnberg...und Umgebung...wo genau kommst du denn her?
<Zucker> Wieso willst du das denn wissen?
<SuPPenSalZ> Einfach so...
<Zucker> Achso...Ich wohn in der Nähe vom Bahnhof...
<SuPPenSalZ> aaah :) dann könnten wir uns ja mal treffen? der bahnhof is ja ziemlich zentral...
<Zucker> Hmm...ich weiss nicht, wir kennen uns ja nicht so gut...
<SuPPenSalZ> Ach, wir werden uns schon kennen lernen....du kannst mir ja auch deine Nummer geben, dann können wir mal telefonieren...
<Zucker> ich weiss nicht....
<SuPPenSalZ> Stell dich doch nicht so an ;-), ich kenn hier von vielen die Nummer....
<Zucker> wirklich?
<SuPPenSalZ> Ja, klar! Wie gesagt...eine große Familie...
<Zucker> hmmm...ich weiss wirklich nicht, bin ja noch neu hier und so...
<SuPPenSalZ> ach...keine Angst..dem Franz kannst du vertrauen...ich werd sehr lieb zu dir sein.

<Zucker> Franz?
<SuPPenSalZ> Ja?
<Zucker> Ich dachte du bist die Nadja?
<SuPPenSalZ> oops...ja...bin ich ja auch ;-)
<Zucker> hast dich wohl verplappert...und fast hätt ich dir meine Nummer gegeben...
<SuPPenSalZ> ...
SuPPenSalZ verlässt den Chat.

Regel:

Gib an Fremde keine ______________________ leichtfertig weiter! Du weißt nie, wer sich hinter dem Nicknamen verbirgt!

Aufgabe:

- Lese den folgenden Ausschnitt aus einem öffentlichen Chat.
- Wie wirkt das Gespräch auf euch? Welche Fehler macht <SuPPenSalZ>?
- Überlege dir eine Höflichkeitsregel für <SuPPenSalZ>, damit er in Zukunft mehr Erfolg beim „Chatten“ hat.
- Stelle die Regel deiner Klasse vor und fasse dabei kurz den Inhalt des Chats zusammen.

Zucker betritt den Chatraum.
<Zucker> Schönen guten Morgen....
<SuPPenSalZ> Guck mal auf die Uhr ey...es ist schon Mittag, also guten Tag!
<Zucker> Ja...ist, ja okay...
<SuPPenSalZ> nichts ist okay, deine Mudda, Alda
<Zucker> geht's noch? Pass auf wie du mit mir redest....
<lone> Ey, nervt hier doch nicht rum, sucht euch ein Zimmer oder kommt mal wieder klar hier!
<SuPPenSalZ> Mit dem such ich mir doch kein Zimmer!
<Zucker> Dann halt guten Tag...und nun ist gut...
<SuPPenSalZ> geht doch...man ey
<Zucker> Habt ihr gestern das Deutschland Spiel gesehen?
<SuPPenSalZ> Ey! Du bist echt so ein n000b! Fußball ist doch nur was für Vollpfosten!!
<Zucker> Aaaah....jetzt versteh ich! Wirst wohl immer als letzter in die Mannschaft gewählt und jetzt versuchst du deine Wut abzureagieren...Presswurst ey...
<lone> eh Zücker...schon mal was von der Klügere gibt nach gehört? „Don't feed the troll!“

<SuPPenSalZ> ICH GEB DIR GLEICH TROLL!! Nur Assis in diesem Chat hier...

<Zucker> Jedenfalls...war echt klasse wie wir die Australier aus dem Stadtion gefegt haben...

<SuPPenSalZ> PAH! Australien...was denkst du denn...die spielen doch mit Koalas, nicht mit Bällen! Geh stricken ey!

<Zucker> Sorry, aber hast du ein Problem mit mir?

<SuPPenSalZ> Ich hab doch kein Problem mit dir...du bist doch selber ein Problem...kommst her und redest über den Pfeiffensport Nummer 1...Fußball...oh Gott...11 Idioten in kurzen Hosen, die einem Ball hinterher rennen...........

<Zucker> Fußball ist toll! Sehr taktisch...körperbetont...kannst wohl deine Beine nicht so zeigen, wa?

<SuPPenSalZ> Ich zeig dir gleich meine oberarme in deinem gesihct, ey! Schau lieber Handball....das ist der wahre Sport! Und nur was für wahre Männer!!!!!

<Zucker> Ach, so einer bist du...tragt ihr nicht auch shorts? Und außerdem...Handballer sind nur gescheiterte Fußballer...hast wohl zu oft 'nen ball ins Gesicht bekommen

<SuPPenSalZ> DU!!!

<Zucker> ja, bitte?

<lone> Letzte Warnung, ihr nervt! Klärt das bitte privat oder verzieht euch!

<SuPPenSalZ> letzte warnung an dich du einsames kind! Nur n00bs hieer...

<Zucker>ach, ich <3 einfach Proleten, die sich nicht artikulieren können

<SuPPenSalZ> ICH GEB dir gleich...beschimpf mich wenigstens mit worten die ich verstähe

<Zucker> rofl....*g*

<SuPPenSalZ> WAS GIBTS DA ZU LACHEN!!

<Zucker> artikulieren....d.h. ausdrücken....

<SuPPenSalZ> ich drück dir gleich was ins Gesicht!

<Zucker> Ist gut...schönen Tag noch...Handball...lol

Zucker verlässt den Chatraum.

<lone> Musst du immer so rumflamen? Das nervt ey...Beleidigst du in der Schule auch immer alle??

Regel:

Bleib cool, wenn dich jemand „flamed“ (=beleidigt)!
Trage den Konflikt nicht ______________________________ aus,
sondern versuche ruhig das Problem per Mail zu lösen!

Aufgabe:

- Lese den folgenden Ausschnitt aus einem öffentlichen Chat.
- Wie wirkt das Gespräch auf euch? Welche Fehler macht <SuPPenSalZ>?
- Überlege dir eine Höflichkeitsregel für <SuPPenSalZ>, damit er in Zukunft mehr Erfolg beim „Chatten" hat.
- Stelle die Regel deiner Klasse vor und fasse dabei kurz den Inhalt des Chats zusammen.

<Zucker> Hi!
<SuPPenSalZ> Hallo :)
<Zucker> Habt ihr gestern das Deutschland-England Spiel gesehen? War doch klasse, oder?
<SuPPenSalZ> Klar! 5:1, Müller schoss 3 Tore! War echt Klasse!
<Zucker> Es ging 4:1 aus...und Müller schoss 2 Tore....
<SuPPenSalZ> Oooohh...Verzeihung Herr Lehrer...
<Zucker> ich wollte dich doch nur verbessern...
<SuPPenSalZ> Klar....Besserwisser....
<Zucker> was heißt hier besserwisser?
<SuPPenSalZ> Gut...gings halt 4:1 aus und Müller schoss nur 2 Tore....das nächste Spiel gegen Diego naradonna wird aber ein 5:1, versprochen!
<Zucker> -M-aradonna...
<SuPPenSalZ> waas???
<Zucker> mit m...er wird mit m geschrieben...
<SuPPenSalZ> ey! Bin ich halt verrutsccht!
<Zucker> kann ja jedem mal passieren...wollt nur behilflich sein...
<SuPPenSalZ> da du ja so einen auf alleswisser machst...kannste mir ma helfen???!?
<Zucker> vielleicht...
<SuPPenSalZ> ich komm hier gerade mit Englisch nicht weiter....
<Zucker> schieß los...
<SuPPenSalZ> muss hier g'rad was übersetzen...ich hänge an „appearance"...
<Zucker> das merk ich...
<SuPPenSalZ> was?
<Zucker> ach nix....erscheinen...auftreten...so in etwa
<SuPPenSalZ> und das stimmt so???
<Zucker> ich denke doch...
<SuPPenSalZ> toll!
<Zucker> bitte.
<SuPPenSalZ> was?

<Zucker> bitteschön...
<SuPPenSalZ> echt voll korrekt von dir altar!
<Zucker> ich bin kein Altar....bin ja keine Kirche...
<SuPPenSalZ> was???
<Zucker> vergiss es...hättest ja wenigstens danke sagen können *fg*
<SuPPenSalZ> Tschuldigung man! Echt danke....jetzt weiss ich 1 wort von nem ganzen schweren Satz...
<Zucker> verhälste dich sonst auch immer so??? Schule und Freunde und so???
<SuPPenSalZ> bist im nebenberuf wohl knigge wa...es war 1 lausiges wort...komm mal wieder runter von deinem alleswisser trip!!!
<Zucker> schönen Tag noch...ich geh lieber in einen anderen chatraum...
Zucker verlässt den Chatraum.

Regel:

_____________________, wenn du etwas falsch gemacht hast, und _______________, wenn dir jemand geholfen hat – wie bei alltäglichen Gesprächen eben auch!

Anhang C: Multiple-Choice Test für den Abschluss der Cyber-Bullying-Einheit

Kreuze die richtige Antwort an.

1. Wenn du eine Webseite besuchst, die nicht für dein Alter bestimmt ist, solltest du
   A: Deine „home"-Seite anklicken und die Seite verlassen
   B: Die Adresse mit deinen Mitschülern teilen
   C: Die Information einem Erwachsenen mitteilen, dem du vertraust
   D: A und C
   E: A und B
2. Wie kannst du dich online schützen?
   A: Nicht zu viel mit der Maus herumklicken
   B: Niemals einen Computer benutzen
   C: Trage einen Helm
   D: Veröffentliche niemals persönliche Informationen
3. Ein sich automatisch öffnendes Fenster ist
   A: Etwas, dass ich immer klicken und erkunden sollte
   B: Etwas, dass ich nie anklicken und sofort schließen sollte
   C: Es ist okay nachzuschauen, ob ich einen Preis gewonnen habe
   D: Ein Weg, um sofort an Informationen zu gelangen

4. Internet-Sicherheit bedeutet
   A: Beim Surfen nicht zu nah am Bildschirm zu sitzen
   B: Die Regeln zu verstehen und anzuwenden
   C: Persönliche Informationen nur mit Freunden zu teilen
   D: Sich von gewalttätigen Webseiten fernzuhalten
5. Ein Account-Besitzer ist
   A: Eine Person, die ein Girokonto besitzt
   B: Die Person, der dieser Account gehört
   C: Ein Schüler mit Internetprivilegien
6. Eine unangebrachte Webseite ist
   A: Eine Webseite, die keine nützlichen Informationen liefert
   B: Eine Webseite mit rassistischen Witzen
   C: Eine Webseite mit Inhalten, wie Drogen, Sex, Alkohol oder Gewalt
   D: B und C sowie Seiten, die gegen das Kopierschutz-Gesetz verstoßen
7. Soziale Netzwerke sind
   A: Webseiten, die von der Schule nicht akzeptiert und auf dem Schulhof verboten sind
   B: Webseiten, wie Facebook, die mir erlauben persönliche Informationen auszutauschen
   C: Webseiten, die mir mehr über eine Party erzählen
   D: A und B
8. Was ist die größte Gefahr, wenn du ein Bild von dir ins Internet lädts?
   A: Es gibt keine Risiken
   B: Das Bild ist verpixelt und meine Freunde könnten mich nicht erkennen
   C: Ich könnte von einem Fremden verfolgt werden, der mir Schaden zufügen will
   D: Das Bild hat mich nicht gut getroffen
9. Menschen benutzen soziale Netzwerke, wie Facebook, weil
   A: Ihnen langweilig ist
   B: Sie sehen wollen, wie viele Leute online sind
   C: Sie mehr Informationen über den Arbeitgeber und Mitarbeiter in Erfahrung bringen
   D: Sie auf der Suche sind nach neuen Freunden
10. Wenn du gefragt wirst, ob du eine Internetbekanntschaft treffen willst, solltest du
    A: Im Kalender nachschauen, ob du Zeit hast

B: Sie nach Hause kommen lassen, weil du Sprit- oder Zugkosten sowie Geld sparst

C: Dich mit ihnen und einem zusätzlichen Freund an einem öffentlichen Ort treffen

D: Das Angebot ablehnen und die Person nicht persönlich kennenlernen

11. Vorzugeben, ich wäre online eine andere Person

A: Wird als das Auftreten unter falscher Identität bezeichnet

B: Ist ein spaßiger Weg, um meinen Freunden einen Streich zu spielen

C: Kann zum Verlust meiner Internet-Privilegien führen und einen Gesetzesverstoß bedeuten

D: A und C

12. Cyber-Bullying ist

A: Eine PowerPoint-Präsentation von Bullies

B: Die Nutzung von Technologien, um einer Person nachzustellen oder diese zu bedrohen

C: moralisch verwerflich und verstößt gegen die deutsche Rechtsprechung

D: B und C

Richtig oder Falsch?

Beschreibe, ob diese Informationen richtig oder falsch sind.

1. Informationen aus dem Internet sind sehr vertrauenswürdig und immer richtig: __________
2. Das Passwort einer anderen Person zu besitzen, verstößt gegen das Gesetz: __________
3. Gesetze, die den Kopierschutz betreffen, beziehen sich nicht auf das Internet: __________
4. Ich kann E-Mail-Anhängen von Freunden immer vertrauen: __________
5. Die „Goldene Regel“ bezieht sich nicht auf die Benutzung des Internets: __________
6. Ein Fremder stellt im Internet die gleiche Gefahr dar, wie im realen Leben: __________
7. Cookies werden vom Computer automatisch heruntergeladen, wenn ich Webseiten besuche: __________
8. Ein Virus ist etwas, dass von außen an meinen Computer herangetragen wurde; beispielsweise durch einen Download oder ein sich öffnendes Fenster: __________

9. Informationen, die ich online finde, sind immer richtig, andererseits wäre es den Betreibern von Webseiten nicht erlaubt, diese zu veröffentlichen: __________
10. Zukünftige Arbeitgeber durchsuchen das Internet nach Informationen über mich, um zu Wissen, ob ich für die Firma geeignet bin: __________
11. Alles, was ich im Internet über eine E-Mail versende, ist privat und wird von anderen nicht gesehen: __________
12. Menschen, die mir Schaden zufügen wollen, werden sich nicht als eine total andere Person darstellen: __________
13. Wenn du über das richtige Talent – im Umgang mit Computern – verfügst, kannst du eine Karriere als Designer von Computerspielen anstreben: __________

Bitte lese den folgenden Abschnitt und unterzeichne ihn.
- Durch die Bearbeitung dieses Test, gebe ich zu verstehen, dass ich die Gefahren von Cyber-Bullying verstanden habe.
- Der Gebrauch von Computern im Internet ist ein Privileg und kein Recht.
- Ich verstehe, dass ich für meine Taten im Internet Verantwortung trage und mich schützen muss.
- Ich verstehe, dass alle Informationen, die ich im Internet veröffentliche, kopiert, reproduziert und weiter verwendet werden können.

______________________________ ____________________

Unterschrift des Schülers Datum

Quelle: Trolley, Barbara: Cyber kids, cyber bullying, cyber balance. Übersetzung durch Slawomir Siewior.

Zeitfracht Medien GmbH
Ferdinand-Jühlke-Straße 7
99095 Erfurt, Deutschland
produktsicherheit@kolibri360.de